一小时英格兰史系列

ENGLAND
IN THE AGE OF CHIVALRY...
AND AWFUL DISEASES

恶病年代

骑士、瘟疫、百年战争与
金雀花王朝的凋落

（英）埃德·韦斯特 著　史耕山　万红芳 译

The
Hundred
Years' War
and
Black
Death

化学工业出版社
·北京·

England in the Age of Chivalry . . . And Awful Diseases
ISBN 978-1-5107-1987-3
Copyright © 2018 by Ed West.
All rights reserved.
Published by arrangement with Skyhorse Publishing
through Andrew Nurnberg Associates International Limited.

本书中文简体字版由 Skyhorse Publishing 授权化学工业出版社独家出版发行。
本版本仅限在中国内地（大陆）销售，不得销往中国香港、澳门和台湾地区。未经许可，不得以任何方式复制或抄袭本书的任何部分，违者必究。

北京市版权局著作权合同登记号：01-2020-7450

图书在版编目（CIP）数据

恶病年代：骑士、瘟疫、百年战争与金雀花王朝的凋落 /（英）埃德·韦斯特（Ed West）著；史耕山，万红芳译 . -- 北京：化学工业出版社，2021.2（2022.8重印）
（一小时英格兰史系列）
书名原文：England in the Age of Chivalry…And Awful Diseases
ISBN 978-7-122-38229-0

Ⅰ . ①恶… Ⅱ . ①埃… ②史… ③万… Ⅲ . ① 英格兰—中世纪史—1272-1399 Ⅳ . ① K561.32

中国版本图书馆 CIP 数据核字（2020）第 258320 号

责任编辑：王冬军　张　盼　　　　　装帧设计：水玉银文化
责任校对：宋　玮

出版发行：化学工业出版社（北京市东城区青年湖南街 13 号　邮政编码 100011）
印　　装：凯德印刷（天津）有限公司
880mm×1230mm 1/32　印张 7 $\frac{3}{4}$　字数 149 千字
2022 年 8 月北京第 1 版第 2 次印刷

购书咨询：010-64518888　　　　　　　售后服务：010-64518899
网　　址：http://www.cip.com.cn
凡购买本书，如有缺损质量问题，本社销售中心负责调换。

定　价：49.80元　　　　　　　　　　　　　版权所有　违者必究

England
in the
Age of Chivalry
...
And
Awful Diseases

The Hundred Years' War and Black Death

目录

引言　神圣的加冕礼 // 001

第1章　新王万岁
长腿爱德华 // 009
东征 // 013

第2章　圆桌会议
亚瑟王 // 019
威尔士战争 // 022
《大宪章》 // 027

第3章　勇敢的心
苏格兰 // 033
"空外套" // 039
华莱士与布鲁斯 // 044

第4章 饥荒

特立独行的国王 // 053
加弗斯顿 // 057
班诺克本 // 063
暴力四起 // 065
父子宠臣 // 069
铁血悍妇 // 072

第5章 百年战争

傀儡国王 // 081
战争序幕 // 087
初胜 // 091
美丽的丝带 // 097

第6章 克雷西战役

加来 // 103
嘉德勋章 // 110

第7章 瘟疫

神秘的疾病 // 117
飘荡的幽灵 // 119
荒唐的归因 // 127
关联与变化 // 132

第8章 黑太子

战争继续 // 137
自由军团 // 140

骑士守则 // 143
英格兰的荣耀 // 147

第9章　农民起义
理查二世 // 155
人头税 // 162
进军伦敦 // 167
"我们和他们" // 172

第10章　大分裂
精神的崩溃 // 183
两个教皇 // 188

第11章　另一个伊甸园
为何而战 // 195
上诉诸侯 // 201
"了不起的议会" // 205

第12章　金雀花的凋零
灰暗时刻 // 211
"残忍议会" // 215
国王的复仇 // 219
滚丢了的金币 // 224

参考书目 // 227
注释 // 231

引言
神圣的加冕礼

England in the Age of Chivalry...
And Awful Diseases

The Hundred Years' War and Black Death

1308年2月,英格兰国王和王后在伦敦新落成的圣保罗大教堂举行了加冕仪式。这是一个重要的加冕仪式,可以追溯到维京时代。新王后伊莎贝拉12岁,是法国国王美男子腓力(King Philippe Le Bel,即腓力四世,1285~1314年在位)的女儿。她得到了父王的遗传,生得貌美如花。伊莎贝拉长着一头浓密的金发,一双蓝色的大眼睛,目光率真坚定。她机智狡黠,冷酷与温情并存且善于隐藏自己的情感。她的新婚丈夫国王爱德华二世(1307~1327年在位)24岁,是个没头脑的愚蠢之人,他所理解的娱乐就是看着宫廷里的弄臣从桌子上掉下来。

对于年轻的女孩来说,这是一场童话般的加冕礼。当然,除去两件事比较糟心:一堵灰泥墙倒塌,砸倒了祭坛,并砸死了一名观众;还有就是国王整个下午都在与他的宠臣皮尔斯·加弗斯顿(Piers Gaveston)卿卿我我,却对自己的这位新王后视而不见。

爱德华让刚被任命为康沃尔伯爵（Earl of Cornwall）的加弗斯顿负责整个仪式。国王和"王国的守护者"肩并肩坐在挂在墙上的一枚盾形纹章下面，但是这个纹章代表的不是国王与王后，而是爱德华国王和加弗斯顿伯爵。[1]仪式结束后，爱德华又和他的"宠臣"而不是与自己的王后坐在一起，继续勾勾搭搭。

在这个对伊莎贝拉来说十分特殊的日子里，加弗斯顿穿着异常华丽，抢了她的风头。据一位目击者说："他穿着华丽，打扮得像战神马尔斯，而不像是一般的凡人。"这位国王的宠臣穿着镶有珍珠的紫色王室礼服，极具僭越之嫌，又有挑衅意味，根本不是小贵族出身的朝臣应有的穿着。他这么做可能就是要故意激怒王后和她的亲属。最令人感到无礼的是，加弗斯顿戴着的珠宝竟然是伊莎贝拉的父亲送给爱德华的结婚礼物。法国国王的其他礼物，包括上等的战马，也被转赠给了他女婿的这位宠臣。一位伦敦编年史作家说："有传言说，国王更喜欢这个狡猾且恶毒的男人，而非他的新娘——那个真正优雅的女人，那个最漂亮的女人。"

更糟糕的是，加弗斯顿负责婚礼宴席，但鸡肉根本没有煮熟，令人大倒胃口。难怪新王后对当天的事颇为不悦，因为她的叔叔路易和查理在"看到国王频繁地去皮尔斯那里鬼混而冷落王后"[2]时愤然离席，返回法国。（在访问英格兰时，他们肯定已经对这里糟糕的饮食有所准备。）

加弗斯顿还在那天设法大大激怒了英格兰的显要们。加冕仪式是极具象征意义的古老盛事,可追溯到973年埃德加国王时代。它来源于法兰克人的加冕礼,代表着神圣的认可。但对每个人来说,这也是一个大型聚会,他们可以借此展示自己的重要地位。然而,加弗斯顿被赋予了拥有大贵族家庭出身与私人武装的人才有的地位。他捧着王冠,手执卡提纳①即"慈悲之剑",这把剑被置于祭坛之上,直到国王献上黄金将其赎回。他还可以给国王左脚鞋子上安上马刺。加弗斯顿的这些行为令贵族们大为不满,由此引发了彼此间长期的仇视,20年后,多数卷入这场纷争的人大都被残忍杀害。

不出所料,爱德华和伊莎贝拉的婚姻结局并不好。由他们的婚姻带来的英格兰和法国王室的结合则引发了一场更大的灾难。1314年,在下令烧死圣殿骑士团的领袖人物几个月之后,腓力四世去世。骑士团总团长曾在大火中诅咒腓力及其家族。诅咒他的三个儿子都将夭折,且无一留下男性后代。腓力的孙辈中只有一个活下来当上了国王,那就是伊莎贝拉的儿子爱德华,而他登上法国王位将使两国陷入一场激烈且残酷的斗争,这场斗争后来在维多利亚时代被称为"百年战争"。

在接下来的几十年里,整个法国遭到了亡命之徒、罪犯和雇佣兵的大规模血腥蹂躏,他们把村庄洗劫一空,导致许多人只能住在洞穴中。整个城镇都被摧毁,居民惨遭杀害。

---

① 卡提纳(Curtana),英格兰国王(及王后)加冕礼上执于君主前代表仁慈的无尖剑、仁慈剑。——编者注

这是欧洲中世纪最惨烈的战争,但它也标志着中世纪骑士时代的终结,因为在这场战争中,贵族骑士的统治地位首先被长弓摧毁,后来又被火器摧毁。

历史学家称这段时期为"中世纪晚期的危机"。虽然危机重重,这段黑暗时期却也给人们带来了一些好处。经过传统意义上被称为"黑暗时代"的几个世纪混乱和苦难之后,西方文明终于在12世纪勃发:第一所大学设立,识字率大幅提高,欧洲几个世纪以来首次诞生了伟大的哲学家,大教堂相继建成,石屋取代了木屋,内讧式战乱减少,在大多数技术领域基督徒都可与古人相提并论。11世纪的"封建无政府状态",通过一场相互仇杀的战争逐渐演变成稳定而有组织的中央政权状态,并在平和的宗教氛围下为贸易、工业和艺术的发展创造了条件。

人口不断膨胀,欧洲大陆的贸易水平也在增长。像伦敦这样的城市首次达到了罗马时代的人口数量。牧师托马斯·马尔萨斯(Thomas Malthus)的人口论指出,在农业技术能使欧洲摆脱马尔萨斯陷阱之前,人口增长意味着更多的劳动力和更多的饥饿人口,当人口增长幅度超过粮食生产幅度,就会导致饥荒。(过去两百年来的农业进步虽驳斥了这一点,但在此之前这却是可能的。)英格兰农场工人的实际工资增长率,如果从13世纪初开始计算,此时已经跌至历史最低水平。资源和食物紧缺,许多人患有骨骼疾病、免疫力低下,体型也比两个世纪之前的人要小很多。

中世纪暖期的几百年,天气温和干燥,这使欧洲得以生产充足的粮食——但现在出现了小冰河期。因此在1315年,圣殿骑士团在巴黎葬身火海后的春天,欧洲大陆遭受了连续暴雨袭击,农作物歉收。在1315年至1317年的大饥荒中,英格兰十分之一人口丧生,但即便如此,这也不是那个世纪最糟糕的事情。最糟糕的事情非瘟疫莫属。这种由老鼠传播的疾病在14世纪40年代夺走了欧洲三分之一乃至一半人口的生命。1300年,英格兰有500万人口,仅过了一个世纪就减少了一半。³

对于那些没有感染瘟疫,因而也不会咳出"黑血"的人来说,他们的生活也惨不忍睹——有一半人在20岁之前死去。在英格兰的一些贫困地区,人们的预期寿命可能低至18岁。⁴虽然婴儿期是最危险的时期,但是即使是那些到了成年期并且已经活了相对较长时间的人,也会经历各种慢性疾病和痛苦。在那时,现代意义上的"童年"并不存在——中世纪的男孩从7岁就要开始工作,并可以被处以绞刑。女孩通常14岁就会怀孕,生育期将持续20年,而分娩死亡率高达六十分之一。所以到了30岁,女人已经精力耗尽,或者用杰弗里·乔叟(Geoffrey Chaucer)的话来说,她们就像是"冬季牧草"。

当时不只有瘟疫、饥荒和战争这些灾难。天主教会也出现了分裂,有两名教皇共存,他们之间的相互敌对给人们造成了无尽的痛苦甚至死亡。14世纪中叶,意大利出现了灾难性的银行业崩溃,还发生了多次大地震。法国和英格兰都爆发了极端暴力的农村起义。总之，所有可能出问题的地方都出了问题，许多作家都哀叹世界末日即将来临。

然而，这一时期也出现了一些优秀的艺术和诗歌作品，如乔托、但丁、薄伽丘以及英格兰的杰弗里·乔叟的作品。绘画艺术在这一时期也得以升华。在英格兰最著名的艺术作品之一——《怀希顿·特雷迪奇》（*Wychton Tripdich*）中，金雀花王朝末代君主理查二世（他去世于1400年，可谓与14世纪同时谢幕）的形象迸发出文艺复兴艺术的夺目光芒。同时，这一时期也是宪政史上最重要的发展时期，下议院诞生，议会成为君主所依赖的立法机构。这一切都始于爱德华二世令人恐惧的父亲（爱德华一世）和他永不满足的战争欲望。

ENGLAND IN THE AGE OF CHIVALRY... AND AWFUL DISEASES

第1章
新王万岁

The Hundred Years' War and Black Death

长腿爱德华

卡斯蒂利亚的埃莉诺（Eleanor of Castile）和暴戾狂躁的长腿爱德华（Edward Longshanks，即爱德华一世，1272~1307年在位）育有16个子女，尽管爱德华二世是其中最小的一个，但他的童年却并不快乐。尽管长腿爱德华是英格兰第四位名为爱德华的国王，但他却令人迷惑地被称为爱德华一世[1]。爱德华一世身高6英尺3英寸（约1.90米），是个专横跋扈、令人生畏的人。他有"苏格兰之锤"和"豹子"的别称。之所以称他为"豹子"，是因为人们普遍认为豹子会改变自己的斑点，而他则习惯言而无信。他还被称为"立法者"或"英格兰的查士丁尼"（查士丁尼是一位罗马皇帝），因为他不但引入了法律，还坚持创立了议会，特别是创立了下议院，尽管他的真实意图并非如此。[2]

爱德华在他头脑简单的父亲亨利三世（1216~1272年在位）的漫长统治结束之后，于1272年继位。长腿爱德华的祖父约翰一世（1199~1216年在位）好色、酗酒且懦弱，是个既失败又不得人心的国王。在贵族的逼迫下，他签署了一份和平条约，即后来的《大宪章》（Magna Carta），却没有真正把它当回事。[3]紧接着一年内战结束后，约翰一世于1216年末死于痢疾（暴饮暴食和酗酒最终要了他的命），留下他9岁的儿子接管国家。那时他已经是身无分文，甚至付不起一顶加冕王冠的费用。而王国大部分地区已为敌对者所控制。多亏了英勇的骑士威廉·马歇尔（William Marshal），尽管他已经年过古稀，仍率兵英勇奋战，小亨利才得以安然统治并成为英格兰历史上在位时间最长的君主之一。

这场内战的根本原因是贵族试图在一定程度上限制国王的权力。1215年至1217年爆发了第一次贵族战争。在此之后，同样的问题于13世纪50年代再次出现。第二次贵族战争中的反对派领袖是一位轻度精神失常的法国裔骑士，名为西蒙·德·蒙特福特（Simon de Montfort）。除了英格兰人，他仇视一切外族人，而他自己并不知道。当时的蒙特福特生活极其奢靡。20多岁时，一句英语都不会说的蒙特福特来到了英格兰。他与亨利三世的妹妹莱斯特的埃莉诺结为伉俪，而且亨利三世对他心存畏惧。

亨利三世的长子爱德华成长于亨利最困难的那段时期。父子俩除了都弱视之外毫无相似之处。亨利三世生性蠢笨，他居然曾在一场战役中迷失了方向。他的长子爱德华得名于11世纪的忏悔者爱德华，是个嗜血如命之人，毕生狂热的追求就是完成十字军东征。

同大多数年轻的贵族一样,爱德华通过参加"比武大会"(即在马上进行长枪比武)接受训练,为战斗做准备。这种竞技起源于 11 世纪的法国西部,那里对暴力行为较为宽容。虽然在我们的印象里,比武大会是丰富多彩的活动,男人们可以向挥舞手帕的女人们炫耀武力,但这种比赛却极其暴力,往往会导致多人死亡。1240 年,在杜塞尔多夫(Dusseldorf)郊外的一场比赛中,60 名骑士被当场杀死。然而,这一事件以及来自教会的谴责丝毫没有影响到那些狂热投身于这类活动的贵族们,他们仍积极参与这些比赛。1256 年 6 月,爱德华于自己 17 岁生日那天在诺丁汉郡布莱斯(Blyth)参加了人生中的第一场比武,其间许多选手死于非命。

在蒙特福特领导的反叛活动初期,爱德华站在蒙特福特这一边,但随着战争愈演愈烈,他又回来支持他的父亲。1265 年,爱德华在伊夫萨姆战役(Battle of Evesham)中赢取了战争的最后胜利。爱德华在战前组建了一支别动队(由十几个彪悍无畏的杀手组成)去杀死了他的姑父蒙特福特。最终,蒙特福特被碎尸万段,下场悲惨。[爱德华的盟友罗杰·莫蒂默(Roger Mortimer)给了蒙特福特致命一击。]

战后,爱德华下令处决了许多支持蒙特福特的人,很多人认为他的这种行为是谋杀,但残酷无情正是他的性格。在爱德华年轻的时候,曾有一次一个孩子惹恼了他,他立即下令让侍从残害了那个孩子。爱讲八卦的修道士——巴黎的马修(Matthew Paris)写了很多历史上的趣闻轶事,他曾写过关于长腿爱德华的一个故事,说有一天爱德华一世携随从出行,行程中平白无故地下令残害一个人,而目的只是为了取乐。众人皆知他残暴乖戾:约克大主教在与爱德华一世面谈之后因过度惊吓而卧床不起,最终一命呜呼。还有一个教士,代表同行向国王申诉税收过重问题,竟当场被杀。

1303年发生了这样一桩事:爱德华一世的国库被盗,王室珠宝不翼而飞。抓住窃贼后,爱德华下令将他们剥皮,然后把人皮钉在国库大门之上。爱德华一世还曾一气之下把女儿伊丽莎白的小王冠扔进火炉中,1297年的王室账簿记载了修复这顶小王冠所花的费用。此外,同中世纪所有暴君一样,爱德华一世热衷于迫害犹太人。

尽管如此,爱德华一世却非常爱他的宠物猎鹰,他甚至经常去托马斯·贝克特(Thomas Beckett)的神龛为他的鹰祈祷,还在猎鹰生病的时候为它做了一个蜡制的肖像——所以他还不是一个彻头彻尾的坏人。

在成为英格兰国王之前,他曾管理法国西南部地区加斯科尼(Gascony),该地区一直以来受英格兰君主统治。有一次,爱德华正在追击加斯科尼的叛乱者,这些叛乱者躲藏在拉雷奥尔(La Reole)的一个教堂里,要是没有他的父亲亨利三世的阻挠,他就下令摧毁教堂了(亨利热爱教堂)。加斯科尼是阿基坦公国的一部分。亨利二世与阿基坦女继承人阿基坦的埃莉诺(Eleanor of Aquitaine)于1152年结婚后，阿基坦成为英格兰王国的一部分（他们的婚姻不是很幸福，他囚禁了她 15 年）。1204 年，他们的儿子约翰丢失了大部分法国领土之后，加斯科尼是欧洲大陆上最后一块附属于英格兰的领土，但法国人却宣称拥有它的主权。加斯科尼出产品质优良的葡萄酒，我们由此可以看出该地的重要性。那时，加斯科尼每年向英格兰出售 500 万加仑葡萄酒——大约 2500 万瓶——若按高昂的进口价格计算，这将会是一大笔开销。

东征

从 1269 年开始，英格兰处于和平时期，爱德华抓住了这个机遇开始十字军东征。他想做每一个富有的年轻人都会做的事：休假一年，体验新的文化，游览一些真正有趣的国家，杀死所有当地居民，然后回家，向人们大吹大擂直到听众感到无比厌倦。奇怪的是，虽然爱德华和卡斯蒂利亚的埃莉诺那时已经有了两个孩子，但他还是带着妻子同行。

这对夫妻于 1254 年结婚，当时他们都是孩子，彼此相爱。在十字军东征期间，埃莉诺给了丈夫一本关于战争的书，[4] 名为《兵法简述》（*Concerning Matters Military* 或 *De Re Militari*），由古罗马作家韦格蒂乌斯（Vegetius）撰写。从某种程度上来说，这本书讲述了如何获取朋友和那个时代有影响力的人物的支持。几乎所有重要人物都读过这本书。这对夫妻的爱情浪漫长久，这在那个时代显得不同寻常，而且爱德华不同于大多数中世纪的国王——他没有情妇。[5]

爱德华原计划与姨父法国国王路易九世联手进行十字军东征。然而，经过几十年的计划，路易九世在最后一刻却选择前往北非，不久就在那里去世，整个冒险之旅因此破产了（路易九世后来被尊称为"圣路易"）。爱德华先是在突尼斯作战，后转战巴勒斯坦，在那里与拜巴尔一世（Sultan Baibars）对战。拜巴尔一世是一位土耳其领导人，据一位编年史学家记载，他时不时会活剥囚犯的皮。

然而，当爱德华赶到圣地时，这次东征已几近失败。1272年，爱德华准备回国。在离开前，他在海法（现以色列港口城市）险些被刺客杀害。刺客来自一个狂热的组织，受一位叫作"山中老人"的神秘人物领导，这位"山中老人"专门把年轻的狂热教徒训练成自杀式杀手。一名刺客在与爱德华单独会面的时候拔出匕首刺了他一刀，随后爱德华将他制服并杀死。然而，刺客刀上有毒，爱德华的妻子为他吸出了伤口中的毒，他才得以获救。这个故事听起来不像是真的，但却广为流传，足以反映两人的真挚爱情。[6]

这位国王几经生死都得以幸存，这次的伤口仅是这些磨难的见证之一。他从海上的风暴中侥幸逃脱，在两次战争中毫发未损，他的马在温切尔西（Winchelsea）失蹄那次差点将他摔得粉身碎骨，而他却奇迹般地活了下来。有一次，爱德华在下棋，然后无意识地起身伸展双腿，"结果穹顶上的一块石头从他刚才所坐之处的上方砸了下来"，把他的椅子砸成了"碎木条"。⁷从那以后,他便经常去沃尔辛厄姆(Walsingham)圣母行神迹的圣祠,即诺福克郡的沃尔辛厄姆,英格兰最神圣的地方。他相信是"上天"某个"神灵"在庇佑他。

爱德华远不像他的父亲那样虔诚和轻信别人。他能轻易发现欺诈行为,当时欺诈行为大行其道,比如一位骑士声称在亨利三世的墓前治愈了自己的失明,爱德华认为他是骗子并将其驱逐。亨利三世花费了数年时间和大量金钱重建威斯敏斯特教堂,这座教堂最初是由他崇拜的英雄忏悔者爱德华建造的,但在长腿爱德华长达35年统治的末期,这座教堂的重建并没有什么进展。爱德华确实拥有大量的文物,包括钉死耶稣的十字架上的一颗钉子和一颗"能抵御雷电"的圣人牙齿,但他仅把这些文物当作贵重物品收藏,而不是为了显示自己虔诚的信仰。

1272年,爱德华在西西里岛收到了他的父亲和他年仅5岁的儿子约翰相继去世的消息。当西西里国王安茹的约翰(John of Anjou)看到爱德华只哀悼他的父亲时,感到十分惊讶。爱德华表示儿子没了可以再生,但父亲却只有一个。爱德华和埃莉诺共有16个孩子,其中只有4个比他活得更久。爱德华是个非常冷漠无情的人,但是生活对当时每个人来说都是极其残酷的,不给任何人多愁善感的机会。

又过了两年,爱德华才回到家中,就像所有结束间隔年(高中毕业与升大学之间,大学毕业与工作之间,或工作一段时间后，花较长一段时间去旅行）的孩子一样，带着巨额债务回来了。[8]并且在他回来的路上，他受邀参加有1000名英格兰骑士参与的在勃艮第的索恩河畔沙隆（Chalon-sur-Saone）的比武大会。这一比武后来演变成暴力事件，教皇本人也予以谴责，因为在比武场上许多法国骑士都试图杀死这位国王。从那以后，爱德华再也没有参加过比武大会。

懒得回家参加父亲的葬礼，这发生在任何一个年轻人身上都是件奇怪的事，更别说这个年轻人还继承了父亲的英格兰王位。但是，在亲自除掉最后一个叛乱者之后，爱德华有理由怀疑仍有其他人想趁机刺杀他。由于新君主在千里之外，国王的议会便开始了一项传统，即立刻宣布新的统治开始，而非像以前那样在获得王冠、权杖、军械以及除掉所有的对手之后才开始新王的统治。"旧王已逝，新王万岁"（the king is dead，long live the king）这一谚语正是由此而来。也正是因为这个原因，白金汉宫从不降半旗默哀王室成员去世。直到1997年戴安娜王妃去世，不降半旗的习俗才得以改变。

当王冠戴到爱德华头上后，他却戏剧性地摘下了王冠并且表示，"在把父亲赠予英格兰伯爵、男爵、骑士和外族人的土地全部收复之前，决不会再戴王冠"。但这不会有好结果的。

ENGLAND IN THE AGE OF CHIVALRY... AND AWFUL DISEASES

第2章
圆桌会议

The Hundred Years' War and Black Death

亚瑟王

爱德华的加冕礼极其奢靡，宴会持续了两周。到场的100位苏格兰骑士让自己的坐骑自由奔跑，并宣布任何抓到马的人就是马的新主人。看到如此慷慨的举动，英格兰的骑士们认为有必要效仿他们。两年前，英格兰遭遇了饥荒，拉开了接下来半个世纪接二连三的饥荒的序幕。但如此铺张的财富炫耀是很常见的，因为整个中世纪的等级制度都是建立在领主必须能够取悦下层民众的理念之上的。这就是国王和贵族们自我毁灭的原因，也是他们热衷于战争的动机所在，在战争中，他们要么通过掠夺发财，要么战死。最能体现这种王权观念的是神话人物亚瑟王（King Arthur），他要么在打胜仗，要么在女士们面前展示他的骑士风采，或者大摆盛宴，款待自己的大批随从。亚瑟王是爱德华的榜样，并激发了他想成为不列颠之王的愿望，这一梦想很大程度上为岛上的三个王国——英格兰、苏格兰和威尔士——的身份认同奠定了基础，尽管这与他的初衷背道而驰。

完整的亚瑟王传说基本上是由12世纪的教士蒙茅斯的杰

弗里（Geoffrey of Monmouth）编纂，并被作为历史代代相传，广泛传播于西欧各地。亚瑟王的传说渐渐演变成为骑士精神中的一部分，随着中世纪时光的流逝，它变得更像现代的"骑士精神"的理念，即称颂那些英勇的、富有同情心并且信仰笃定的骑士们。

亚瑟王的传说以发生在"黑暗年代"（The Dark Ages）的混战为背景，那是布列吞人和来自欧洲大陆的入侵者——盎格鲁-撒克逊人之间的战争，盎格鲁-撒克逊人称他们的敌人为"外国人"或"威尔士人"。尽管截止到爱德华时代，威尔士人一直称呼自己为"库姆"①（如今威尔士民族党就以"布雷库姆党"②自称）。虽然在8世纪麦西亚国王奥法（King Offa）就修建了一座堤坝来划定两国的边界，从而使两国边界地区得以稳定，但威尔士人和英格兰人之间的关系从来就不怎么友好。

然而后来诺曼人出现了。他们在征服英格兰之后，又在边界地区划定了一连串半独立的领土，称为边界领地［Marcher Lordships，"march"的意思是边界，侯爵（Marquis）、麦西亚（Mercia）和丹麦（Denmark）这些词均源于此］。边界领主往往是诺曼贵族中最强硬、最贪婪的。他们还经常与国王发生冲突。他们开始入侵威尔士，攫

---

① 库姆（Cymru），威尔士语，意为"威尔士"。——译者注
② 布雷库姆党（Plaid Cymru），威尔士语，意为"威尔士党"。——译者注

取低洼肥沃的土地，用于安置英格兰和佛兰德移民。[1]可想而知，威尔士人非常愤怒，但由于其多山的地理特征，威尔士一直没有统一。然而，在13世纪60年代，一位名叫卢埃林·阿普·格鲁菲德（Llywelyn ap Gruffydd）的强势领导者成为第一个被公认为威尔士亲王的人。他不去参加爱德华的加冕典礼，敢于怠慢爱德华，史称"最后一任卢埃林"（Llywelyn the Last）。

卢埃林是个小地方的大人物。他的宫廷包括一名吟游诗人、一名竖琴手、一名猎鹰驯养者和一名"静默者"——其职责是保持宫廷安静。但与爱德华相比，他是个甚至不能控制威尔士全境的"小人物"。威尔士全境被他和他的三个兄弟瓜分，其中包括他的弟弟戴维（Daffyd）——曾在1272年密谋暗杀他的哥哥卢埃林。在得到了卢埃林的原谅后，他又和他们的哥哥欧文（Owain）联手策划了第二次造反行动，后来一场暴风雪迫使他们放弃计划，逃到了英格兰，戴维在那里得到英王庇护。

结果，威尔士亲王拒绝出席爱德华的加冕典礼。爱德华要求他表示敬意，卢埃林再次拒绝。于是英格兰国王甚至亲自去切斯特（Chester）接他，以为卢埃林省去车旅花销，而亲王又一次拒绝了。爱德华总共五次召唤了卢埃林，不达目的不罢休。

卢埃林答复了三次，解释说他在等待他们的分歧得到解决，也就是爱德华必须交出叛逆者。更讽刺的是，五十多岁的卢埃林在没有得到国王许可的情况下，甚至在没有见到埃莉诺的情况下，娶了西蒙·德·蒙特福特与爱德华的姑姑埃莉诺公主23岁的女儿埃莉诺。（奇怪的是，在当时，只要婚礼上出现一个双方同意的替代人选，就有可能在不与对方见面的情况下与对方结婚。）正是这一点激发了爱德华以亚瑟王的传说为由，来征服不列颠的疯狂行动。

对当时的大多数英格兰人来说，威尔士仍然是一个蛮荒而陌生的地方。人们认为威尔士人冷酷无情，嗜血成性。没有诺曼人定居的"纯威尔士区"[①]受卢埃林统治，海威儿·达国王（King Hywel Dda）制定的法律仍然适用。在那里，纠纷往往演变成血海深仇，如果小偷偷了10户人家却"没能弄到任何吃的东西"，就可以得到赦免。然而，对于诺曼人来说，饥饿不是偷盗的理由，而且偷盗还要以割掉身体的某个重要部位为惩罚。

威尔士战争

爱德华于1276年集结军队，并在第二年带着从十字军东征中带回来的圣乔治十字旗带领军队入侵威尔士。卢埃林很快就投降了，但却被允许保留威尔士亲王的头衔，这在一定程度上是对他软弱无能的一种嘲讽。爱德华曾在他的表妹

[①] 在亨利一世统治前期，威尔士被分成两部分，一部分是由各威尔士领主统治的纯威尔士区（Pura Wallia），另一部分是由盎格鲁-诺曼贵族统治的威尔士边区（Marchia Wallia）。——译者注

埃莉诺嫁给卢埃林的途中将她绑架，但现在他同意了这桩婚事。然而，后来埃莉诺死于难产，而她的女儿几乎一出生就被爱德华关进了监狱，以防有人以她为由造反。她活到了50多岁，一生都在监禁中度过，这也足以说明爱德华是个什么样的人。

1282年战争再次爆发，这次是由戴维发动的，之后他的大哥觉得有必要参加这场注定发生的叛乱。坎特伯雷大主教试图调解这场恩怨，并提议让戴维和爱德华一起去参加十字军东征，然后分给卢埃林一大片英格兰领土。卢埃林给出了一个充满使命感的回应，说他不会背叛他的人民。这听起来很美好，但显然是不明智的，因为他们没有赢的机会。到1282年底，威尔士所有的抵抗行为均以失败而告终。12月11日，卢埃林在波厄斯（Powys）死于一名普通英格兰士兵之手，当时这名士兵并不知道自己杀死了一名颇有价值的人物。

戴维很快就被抓获，并以叛国罪、谋杀罪、渎神罪和阴谋颠覆国王罪被处以四种相应的刑罚，依次是车裂、绞刑、剖腹取脏和肢解。在他还没死的时候，他们就把他的肠子割了下来，在他面前焚烧。爱德华命人将他的尸体分别送往英格兰的各个城市，把他和他哥哥的头一起挂在伦敦塔的一根长钉上。在什鲁斯伯里（Shrewsbury）的英格兰兵营里，也就是在戴维被杀的地方，伦敦和约克郡的分遣队为了争夺戴维的首级而大打出手，结果伦敦人赢了。总的来说，这并不是什么光彩的胜利。

1284年，爱德华通过了《威尔士法令》（Statute of Wales，也称罗兰德法令），正式将威尔士纳入了英格兰的王权之下。直到今天，威尔士都是英格兰的一部分，这就是英国国旗只有英格兰、苏格兰和北爱尔兰旗帜标志的原因。

很久以前，不列颠就流传着一种预言，说英格兰所占领的土地会被重新夺回，一位威尔士人终有一天会在伦敦戴上王冠。卢埃林在某种程度上实现了这一点，只是在戴上王冠时已是一具腐烂的尸体。英格兰人给他戴了一项用常春藤做成的王冠来嘲讽他。他那颗腐烂的头颅在伦敦塔的一根长钉上挂了15年，之后才有人想到把它拆了下来。

新国王爱德华一世通过建造一系列城堡来巩固他对威尔士的统治，其中许多城堡至今仍巍然屹立，包括卡纳芬城堡、弗林特城堡、罗德兰城堡、康威城堡、克里基厄斯城堡和阿伯里斯特威斯城堡。这些城堡只需20名士兵就能守住，而且有直通大海的阶梯，可以抵御数年的围困。爱德华在威尔士建城堡的灵感来源于格朗松的奥托（Othon de Grandson），一位来自萨沃伊（Savoy）的骑士。他曾跟随爱德华参加了十字军东征，而且从13世纪60年代中期起就成为他的得力助手。这些宏伟的纪念物足以反映爱德华作为英格兰统治者的实力，让他可以自称是亚瑟王的继承人。爱德华之所以选择开发卡纳芬（Caernarfon），是因为据说4世纪残暴的罗马皇帝、爱德华崇拜的英雄之一君士坦丁大帝的父亲就葬在这里。（君士坦丁使基督教合法化，但他也杀害了自己的儿子和妻子以及无数其他人，所以他绝不会进入所谓的"天堂"。）卡纳芬是爱德华权力的集中体现。在这个小村庄里，他仿照君士坦丁堡，建造了一座巨大的城堡，城堡里装饰着罗马式的帝国雄鹰的图案。不过，公平地说，如今威尔士的旅游业发展得相当不错，这要归功于爱德华命人建造的那些瑰丽的、富有骑士传奇的城堡。

爱德华声称在卡纳芬发现了罗马皇帝马格努斯·马格西穆斯（Magnus Maximus）的遗体。根据威尔士传说，马格努斯·马格西穆斯是君士坦丁大帝的父亲，但他的寿命比他的儿子要长，同时他也是300年后出生的亚瑟王的先祖。据说马格西穆斯曾经梦见有一位住在城堡里的少女，他找到了这位少女并娶了她，这个少女当时的家可能就在如今的卡纳芬城堡的位置。

边境领主罗杰·莫蒂默是卢埃林的死敌，他于1279年在沃里克郡（Warwickshire）的凯尼尔沃思城堡举行了第一次亚瑟王圆桌会议。莫蒂默的母亲是威尔士人，因此他声称自己是亚瑟王的后裔。100位骑士和100位女士参加了此次会议。会议结束时，莫蒂默被敬送了许多橡木桶，大家都以为桶里装的是葡萄酒，其实里面装满了金子。这些圆桌会议是一种相对文明的"比武大会"，注重家庭温情，女性可以参加，更没有流血事件。

1284年，爱德华获得了一顶疑似为亚瑟王的王冠——又一个令人生疑的"宝物"——并戴着它出席了在北威尔士举办的一场规模更大的圆桌盛宴。在宴会上同时展出的还有马格西穆斯的圣骨。传说中的亚瑟王如果真的存在的话，肯定会支持威尔士人反抗英格兰人，但亚瑟王传说日益成为英格兰统一名正言顺的理由。爱德华还下令将100年前在格拉斯顿伯里修道院发现的两具尸骨作为亚瑟王及其妻桂妮薇（Guinevere）的遗骨重新下葬。据记载，爱德华在北威尔士举办的圆桌盛会非常受欢迎，全国各地的人蜂拥而至，以至于会场的地板都被踩坏了。爱德华或许把这看作人们爱戴他的表现，但事实是上次拒绝他邀请的人最后的下场是脑袋被人当了足球，所以没有人拒绝他的邀请也就不足为奇了。

在威尔士时，爱德华的一位骑士曾被由长弓射出的箭射中。长弓是当地的一种武器，它射出的箭又快又猛，能射穿教堂的门。爱德华对此印象深刻，于是雇用威尔士弓箭手来做军队的核心，长弓产生了革命性的影响，淘汰了贵族骑兵这种军事力量。

据传说，根据威尔士的传统，在外国出生的人不能成为威尔士的亲王，因此英格兰国王答应，威尔士的新任亲王须在威尔士出生且不会说英语，随即向公众推出了他刚刚在卡纳芬出生的儿子小爱德华。

显然，威尔士的贵族们觉得自己受到了愚弄。于是，爱德华王子成为威尔士并入英格兰后威尔士的第一任亲王，而且从那天起，英格兰君主的长子就拥有了这个头衔，并在卡纳芬城堡加冕。尽管长腿爱德华确实带着他怀孕已久的妻子出征（现在看来颇为奇怪，但这在当时很常见），但爱德华的儿子却直到1301年16岁时才获得这个头衔。这个传说历史悠久，但下一位在卡纳芬或威尔士其他地方加冕、名为爱德华的威尔士亲王已是萨克森－科堡－哥达王朝时期的爱德华八世，那时已经是1911年。

威尔士人此时发现自己受到了法律的制约，被禁止携带武器，甚至没有当局的允许不得招待陌生人过夜。在接下来的600年里，他们的语言处处受到压制。尽管如此，威尔士语仍顽强存在至今。

《大宪章》

威尔士战争耗费了大量金钱，为了筹集更多资金，国王转向了一个更容易实现的目标。英格兰的犹太人随征服者威廉（William the Conqueror，1066~1087年在位）来到这里，他们中的大多数人都在诺曼人的首都鲁昂（Rouen）被烧死，之后更多犹太人来到这里，但这个拥有16000人的群体从未受到欢迎。爱德华生活在一个信仰狂热日益增长的时期，这种狂热在圣地战争中开始崛起，后来又在13世纪阿尔比十字军为铲除卡特里派异教对法兰西南部发动的讨伐中蔓延开来，这场讨伐造成了100万人丧生。西蒙·德·蒙特福特把所有的犹太人都赶出莱斯特郡（Leicester）后，教会对犹太人变得更加不容忍。1215年召开的拉特兰会议首次要求在犹太人的衣服上做特殊标记。蠢笨且轻信他人的亨利三世是第一个支持"血祭诽谤"（Blood Libel）的国王。血祭诽谤是一个广为人知的阴谋论。

当时基督教徒禁止放贷，而犹太人被禁止做除此以外的所有事情，所以犹太人只能以放贷这一种职业为生。最为著名的放债人大多是犹太人，比如林肯郡的亚伦（Aaron of Lincoln）、汉普郡的俄罗斯人以撒（Isaac'the Russian' of Hampshire）、瓦林福德的贝拉塞特（Belaset of Wallingford）。贝拉塞特还借钱给王室供他们开展一些项目，比如说修建林肯大教堂。但这使犹太人受到两面夹击，一边是满腹怨气的债务人，一边是濒临破产无力还债的王室。

爱德华利用打击伪造货币的机会，从犹太人手中榨取了3.6万英镑，并以伪造货币罪处决了两百多名犹太人和一些基督教徒。1274年，爱德华一世颁布了《犹太人法令》，其中规定："每个犹太人7岁以后都必须佩戴用毛毡制成的黄色十字。"在现代人看来，尽管关于着装的规定很多，但这种做法不免有些险恶。当时除了异教徒、麻风病人和妓女必须穿戴有特殊标记的衣服之外（要求妓女把衣服反穿），每个社会阶层都有穿装要求。在一些国家，根据法律规定，贵族必须穿皮草，即使在酷热的天气里也是如此。

当农民们由于某种原因在约克郡和其他地方残酷制造了犹太人大屠杀之后，爱德华却下令"不进行调查"。1282

年，爱德华开始围捕犹太人，并要求他们支付赎金以获得自由。8年后，爱德华将其余人驱逐出境，使得很多犹太人在前往法国和佛兰德的途中遭到抢劫，很多犹太人淹死在了泰晤士河中。

令人难以置信的是，爱德华把该国主要金融从业者驱逐出境，却并没有带来他所希望的经济奇迹，英格兰的问题反而日益严重。爱德华引入意大利人，让他们代替犹太人从商。他们在伦敦市朗伯德街建了一个银行区，朗伯德街现在仍是伦敦的金融中心，距离老犹太街不远。[2]来自罗马系统的拉丁货币单位——里拉、索尔迪、第纳尔——依次成为英格兰十进制货币制度前的单位符号"£"、"s"、"d"，成为当时英镑的象征。

1277年的威尔士战争迫使爱德华向卢卡的里卡尔迪商会（Ricciardi of Lucca）借了一大笔钱，卢卡的里卡尔迪是意大利银行家族之一。到了1294年，爱德华已负债40万英镑。他总是渴望得到更多的钱。同年，他将羊毛税提高到每袋两英镑。1297年，大领主们以《大宪章》为法律依据反抗国王的行为，之后爱德华被迫做出让步。

然而，他不计后果的开支确实催生了英格兰历史上最重要的政治机构。早在13世纪30年代，英格兰贵族们就开始聚会并将其称之为"议会"，他们坐在一起，声讨国王的法国姻亲。在爱德华的统治下，这些贵族们成为上议院议员。长腿爱德华一年召开两次议会，因为他需要筹钱。在13世纪70

年代，王室急需一大笔钱，而领主们不能把自己的意志强加给自己的封臣，若要征收更多钱就需要征求更多人的同意，由此产生了另一个议院，骑士们在此集会，这即是后来的下议院（不久之后便邀请了大城镇的乡绅代表来加入议会）。这些早期的国会议员大多是骑士——从爱德华二世统治时期的议员徽章记录中可以看出，国会854名议员中有84%的人曾跟随国王南征北战。

随之而来的是许多历史学家所称的"财政革命"，这听起来并不令人十分兴奋，但却对如今英国人的生活产生了巨大的影响。这意味着国王想要筹集的任何资金，下议院必须投票通过才可成行，所以到14世纪末期，立法机构已经牢固地建立起来。

爱德华一世明确了议会的权力，尊奉《大宪章》，并使"大宪章"制度法律化。尽管他曾威胁要绞死一位反对他的国会议员，但在后来创建英格兰民主制度的过程中还是发挥了重要作用。

ENGLAND IN THE AGE OF CHIVALRY... AND AWFUL DISEASES

第3章
勇敢的心

The Hundred Years' War and Black Death

苏格兰

威尔士相对容易被击败,但爱德华随后卷入了更复杂的苏格兰政治,这完全是另一回事。这个北方王国在社会的各个层面上都充斥着荒谬的暴力。与英格兰接壤的边境上盘踞着的部落彼此间世仇不断,他们以偷猎为生,其文化理念更是助长了无休止的报复性杀戮。英格兰和苏格兰都认为他们是麻烦制造者,于是他们给这些部落的人们一些钱,让他们最终住在了爱尔兰的阿尔斯特(Ulster),后来他们又迁移到了北美洲的阿巴拉契亚山区。再往北是更可怕的说盖尔语的高地人,低地苏格兰人视他们为强盗,岛上还生活着各支维京人后裔。

英格兰北部的居民十分畏惧苏格兰人,因为时不时会有一大群人越过边境,袭击村庄,奴役当地人,使得该地陷入混乱。然后,英格兰人会带着一支庞大的军队向北挺进,将所到之处付之一炬,而苏格兰人则会躲起来,直到入侵者饿得发慌或感到厌烦为止。

许多人对苏格兰独立战争的了解或许都是来源于电影《勇敢的心》（*Braveheart*），该影片将英雄威廉·华莱士（William Wallace）和罗伯特·布鲁斯（Robert the Bruce）刻画为"fitba"[1]（一心渴望自由的苏格兰人），而将英格兰国王描述为一个坏人。事实上，布鲁斯是一位在英格兰和法国拥有多处资产的盎格鲁-诺曼贵族，他同爱德华一样把法语作为第一语言（爱德华很可能连英语都不会说）。

虽然《勇敢的心》不太符合历史事实，但爱德华一世确实是大家眼中标准的好莱坞式反派。[2]

苏格兰的历史之所以复杂，是因为它的很多身份特征都是由沃尔特·司各特（Walter Scott）等19世纪浪漫主义小说家虚构的，而这些身份特征现在却被人们用来销售高尔夫假日产品。苏格兰王国出于各种原因最终由处于欧洲边缘的四个不同的族群合并发展而来，分别是：西部地区讲盖尔语的苏格兰人，他们在罗马帝国衰败后从爱尔兰搬来这里；北部和东部地区的加勒多尼亚（Caledonia）的原住居民皮克特人，他们说着一种混合了凯尔特语和前凯尔特语的神秘语言，他们的名字来源于他们战时画脸的习惯；西南部的布列吞人，他们与威尔士人有血缘关系；还有盎格鲁人，他们在这个国家的东南部开拓了殖民地，那里曾是诺森布里亚王国的一部分。正是因为这些盎格鲁人，苏格兰人开始说一种英语方言，这种方言在诺曼人入侵后和大量英格兰权贵涌入后占据了统治地位。除此之外，还有第五个民族即维京人在这些岛屿上大量定居,他们中的许多人直到近代还保持着斯堪的纳维亚人的身份特征。

第一个使用"阿尔巴王"(King of Alba)或"苏格兰国王"称号的皮克特人的国王是公元9世纪的肯尼思·麦克亚尔宾(Kenneth MacAlpine),不过也有人认为这个称号应该属于他的孙子——"狂人"唐纳德。早期苏格兰最著名的君主是麦克白,尽管他与莎士比亚笔下的人物截然不同,实际上他是为数不多的没有谋杀其前任的国王之一。在他统治之前的一个世纪里,有5位苏格兰君主被暗杀,4位在战争中丧生。麦克白不可避免地遭遇了同样的命运。

自诺曼征服以来,英格兰和苏格兰的贵族们便联系在了一起。诺曼征服后,英格兰王室的残余势力向北迁移并与苏格兰邓凯尔德王朝联姻。到爱德华时代,13位苏格兰伯爵中有9位在英格兰拥有土地,而7位英格兰伯爵在苏格兰拥有财产。[3]

和英格兰一样,苏格兰也有诺曼统治阶级,但奇怪的是,苏格兰人竟然盛情邀请这些外来的诺曼贵族到来——熟悉诺曼人性情的人肯定认为这是不明智的。因此,大多数苏格兰贵族基本上都是法国人,包括伟大的民族独立英雄罗伯特·布鲁斯。布鲁斯的祖父曾以英格兰贵族的身份与爱德华并肩作战共同对抗蒙特福特。

苏格兰原来是个非常贫穷的地方,但在爱德华时代已经发展起来了——尽管一个世纪以前,苏格兰甚至没有一座城市，根本无法与英格兰相比，若与法国相比，就更显落后了。从文化上讲，苏格兰也变得更像英格兰，而其南部的洛锡安人基本上视自己为英格兰人。与北方的盖尔人相比，苏格兰人觉得自己与边境另一边说着他们语言的人更有共同之处。德赖堡（Dryburgh）现在有一座威廉·华莱士的雕像，当时人们说它"既在英格兰又在苏格兰"。

要不是约翰王和贵族们之间的战争，苏格兰本来很有可能在之前的一个世纪里就被比它更大的邻国吞并了。现在爱德华看到了可以将其划为英格兰一部分的机会。然而适得其反，爱德华促使苏格兰人建立了身份认同，因为没有什么能比一支庞大的军队在你的土地上横冲直撞更能改变你对邻居的看法。

苏格兰独立战争是偶然开始的。1286年，苏格兰国王亚历山大三世准备回家与他年轻的法国妻子尤兰达（Yolanda）度过新婚之夜，途中恶劣的天气使他骑着马从福思湾（Firth of forth）的悬崖上摔了下去。第二天早晨人们发现了他的尸体。

他的两个儿子都已经过世了，他的女儿玛格丽特也在分娩时去世了，所以他唯一的继承人是玛格丽特与挪威国王埃里克二世所生的两岁的女儿，他们的女儿也叫玛格丽特，绰号"挪威少女"（Maid of Norway）。亚历山大的第一任妻子也叫玛格丽特，是英王爱德华一世的妹妹，所以两个国家的王室是有姻亲关系的。事实上，早在1284年，亚历山大就首先提出了王室联合的想法，对苏格兰王室来说，成为全英格兰的统治者并住在伦敦显然是个好主意。然而，1290年，当时6岁的挪威少女在驶向她的新王国途中，因晕船死在了奥克尼群岛（人们确实会因为晕船而死；当时的海上旅行非常可怕，人们通常在出发前就立下遗嘱）。

爱德华一世痛心疾首，并不是因为她是他的侄孙女，而是因为这打乱了他让她嫁给他儿子爱德华的计划，如果计划成功，他就能和平接管苏格兰。这件事也使苏格兰的王室陷入混乱，有14个人争夺王位。

同年，爱德华一世也因自己妻子的离世几近精神崩溃。然而，埃莉诺王后因贪婪而广受厌恶，她以低廉的价格购买负债之人的房产，发了一笔财。一位同时代的人抱怨埃莉诺王后"专横无情"。她最终变得非常富有，就像当时一首流行歌谣里唱的那样："国王想要我们的金子/王后想要我们的庄园。"虽然大多数王后都倾向于激发丈夫仁慈的一面，但她则鼓励丈夫更严酷一些。[4]邓斯特布尔修道院的编年史家在埃莉诺死后只能说她"从出身来看是西班牙人"且"拥有许多豪华庄园"，但这并不意味着她是这个国家的"财富"。

尽管爱德华内心十分悲痛，但他还是把妻子的死变成了一种公关活动。他下令在灵柩从林肯运回伦敦的每个停尸点都竖立一个十字架，共修建了12个，名为"埃莉诺十字架"，其中3个留存至今。[5]

与此同时，苏格兰的局势变得非常混乱。由于有那么多可能继承王位的人,爱德华坚称自己是遴选过程中的仲裁人,进行了"王位大诉讼"(the Great Cause),涉及80名苏格兰人和24名英格兰人。

这场王冠之争主要在约翰·巴利奥尔(John Balliol)和罗伯特·布鲁斯之间展开,他们都是先王大卫一世的来孙(五世孙)。巴利奥尔最有可能获胜,因为他的祖母是布鲁斯的姐姐,他实际上也是英格兰人,他的父亲是达拉谟郡巴纳德城堡的领主。在爱德华看来,这对他很有帮助,因为长腿爱德华的主要目的,就像他所说的,是"让苏格兰国王和整个王国臣服于他的权威"。

然而,这场"诉讼"持续了两年,由于第三个候选人——荷兰的弗洛瑞斯(Floris of Holland)的加入有所延长,他的加入显得有些可笑(后来爱德华寻机将他杀害)。整个过程持续了很长时间,他们不得不休会三次,爱德华才最终选择了巴利奥尔,条件是他承认爱德华是他的主人并愿意成为其傀儡。巴利奥尔甚至不敢在爱德华面前自称国王,而是称自己为"您在苏格兰的仆人"。

长腿爱德华认为英格兰君主优先于苏格兰君主,因为根据蒙茅斯的杰弗里对早期英格兰的描述,英格兰最早的居民是来自如今土耳其的特洛伊人,这个家族的长子建立了今日的英格兰,而小儿子则定居在北部。即使在那个时候,这个观点听起来也匪夷所思,真实情况是爱德华很强大而他们很弱小,他有强大的弓弩而他们没有。苏格兰王族起源于一个名为苏格塔（Scota）的人的后裔，她是一位勇士，也是一位埃及法老的女儿，她从布鲁特斯家族的手中夺取了这个国家——维基百科里有此说法，但仍缺乏佐证。

"空外套"

1295年，法国入侵加斯科尼，战争再次爆发。

由于亨利三世娶了埃莉诺而路易九世娶了玛格丽特，且两位王后是一对亲姐妹，英法关系多年来一直很稳定。当路易九世1270年死于十字军东征的时候，他的儿子腓力三世和表哥爱德华一世关系也很好。尽管腓力三世出了名地优柔寡断，但人们还是叫他勇敢者腓力。1285年，腓力三世也去世了，继位的是他的儿子腓力四世（1285~1314年在位），人称"美男子"。他雄心勃勃且十分英俊。一位史学家说他是"世界上最英俊的人，他从不会与人直目相对"。我应该补充说，这是因为他害羞。

腓力四世在一件事上确实和爱德华一世看法一致——他也把所有的犹太人都赶出了他的国家。然而，除此之外，他们相处得不是很好，因为腓力一直盯着加斯科尼，而这两位国王也曾为此争吵过。早在1291年，爱德华一世就想让他的儿子爱德华迎娶法国国王的妹妹布兰奇（Blanche）。可是，在听说她长得十分漂亮之后，他决定娶她做自己的妻子，于是他派弟弟埃德蒙去解决这个问题。后来腓力反悔了，将布兰奇嫁给了一个德国人，而把她的小妹妹玛格丽特嫁给了爱德华。当时，爱德华大约60岁，而玛格丽特大概17岁，爱德华对即将要娶的这位年轻的法国女人感到非常兴奋，玛格丽特对此事的想法历史上则没有记录。

后来，在1294年，当爱德华任命巴利奥尔为他的傀儡时，腓力欲召见英格兰国王，并让他作为加斯科尼的封臣表示效忠，这是一种故意的羞辱行为。爱德华派他的弟弟去了，于是在1295年，法国人入侵了加斯科尼，并袭击了多佛。爱德华曾痛骂道："法国国王不满足于入侵加斯科尼这样的奸诈行为，还为入侵英格兰并消灭英格兰人准备了强大的舰队和军队。"

作为傀儡，约翰·巴利奥尔曾提议向苏格兰人征税，以支付英格兰对抗法国的战争费用，但这一提议显然没有被理睬。接着，苏格兰贵族议会愤然拒绝了爱德华的军事援助请求。于是，巴利奥尔发起了一场毫无效果的反抗英格兰的起义，却以迅速退兵而告终。

爱德华向北进军，包围了苏格兰境内的贝里克郡（Berwick），要求该地投降。当地人朝他露臀以示嘲讽，但是他们的防御能力非常薄弱，这样做绝不是一个好主意。当英格兰海军开始进攻时，苏格兰国王正忙着给一些士兵册封骑士，他只好被迫提前进入战斗。后来，爱德华先是杀死了1.1万人口中的数百人，然后大发慈悲，又受降了200名守军，驱逐了剩下的人并将贝里克付之一炬。另一方面，不管你信不信，苏格兰人也袭击了附近的科布里奇（Corbridge）

并屠杀了200名英格兰平民。

爱德华重建了贝里克，他亲自推了第一车土，这十分符合他坚毅的性格。他吃得了从军之苦，肯与将士一起风餐露宿。1294年12月，在围攻北威尔士康威时，这位头发花白的55岁老国王发现洪水切断了他与外界的联系后，竟然将自己的酒分给了士兵们，配给的食物也不肯多吃一口。

爱德华进军苏格兰后，把苏格兰历代国王加冕时使用的斯康石（Stone of Scone）带到了伦敦，这块石头是由早期的苏格兰国王从爱尔兰带来的。他还在巴利奥尔的宝座上安插了另一位傀儡统治者。爱德华以蔑视法庭罪，没收了巴利奥尔的三座城堡和城镇。当时有人描述巴利奥尔为"狼群中的羔羊"。

爱德华曾去过苏格兰，并远达埃尔金（Elgin），从未有任何一位英格兰国王去过那么远的地方。然而，难题并不是征服苏格兰，而是如何统治它，管理苏格兰这份工作十分不受欢迎。萨里伯爵被爱德华逼迫管理苏格兰，几个月来他拼命想把这份工作推给别人。他受不了苏格兰极度阴沉的天气（虽说英格兰也不是夏威夷），所以他多数时间都待在英格兰北部。

至于巴利奥尔，他欣然接受了在英格兰隐退的机会，因为他可以在那里"按照以前的方式生活，在公园中打猎，做任何可以使他愉快并感到慰藉的事"。然而，在巴利奥尔离职前，爱德华在蒙特罗斯（Montrose）为他举办了一场"废黜"仪式来羞辱他,在那场典礼上,他外衣上苏格兰之狮的王室纹章被撕去,巴利奥尔从此有了"空外套"(Toom Tabard)的绰号。

爱德华想像在威尔士一样在苏格兰建很多城堡,但那时他已经没钱了,只买得起木料。1294年至1304年间,国王在战争上花费了100万英镑,这在当时是很大一笔钱,人们普遍对此感到不满(粗略估计,当时1英镑相当于今天的1000美元,尽管生活成本不同,这种转换并不准确)。1297年,贵族公开造反,作为回应,爱德华重新颁布了《大宪章》(而这部《大宪章》也正是最终确定的版本),把一些有关自由的法案写进英格兰法律,比如未经指控不被逮捕的权利。

无论如何,圣地的十字军东征仍是爱德华一生的目标。为了筹集资金,爱德华派人查抄民众的储蓄,从私人存款中掳走1.1万英镑。他们带着斧头强行进入教堂并砸开钱柜。年迈的圣保罗大教堂的院长代表神职人员申诉时惊恐而死。爱德华不是那种会顾及别人感受的人,在院长死后,他仍派骑士去跟其他教士说,让他们乖乖把钱交出来,否则他们就会有麻烦。最终,由于全体神职人员拒绝交出现金,爱德华称他们违法并命其部下带走了他们的粮食和他们饲养的牲畜。1297年,罗杰·比戈德(Roger Bigod)在议会上质问爱德华自己为什么必须帮他打仗,国王回复道:"你要么去,要么被绞死。"议员听了皆目瞪口呆。

爱德华还试图通过"特权凭据调查令状",收回在他父亲统治时期失去的王权土地。王室官员据此来到民众家中，质询他们凭借何种权力拥有土地。格洛斯特伯爵（Earl of Gloucester）[6]在被问及这个问题时，向他们展示了自己的长剑，并喊道："看哪，尊敬的阁下，我的祖先们跟随威廉用剑征服了这片土地。这把剑就是我拥有这片土地的正当理由。我要用这把剑捍卫我的土地。"格洛斯特伯爵此举非常著名，王室官员于是为他给出了合理的回答。

1299年，英格兰与法国达成停战协议，条件是爱德华一世娶玛格丽特公主为妻，他的儿子爱德华娶玛格丽特的妹妹伊莎贝拉为妻，这似乎有点奇怪。然而，不久又出现了另一场苏格兰起义，另一群狂徒越过边境，引起了英格兰北部地区的恐慌。正如吉斯伯勒的沃尔特（Walter of Guisborough）所说："纽卡斯尔（Newcastle）和卡莱尔（Carlisle）之间的所有修道院和教堂都关门了，因为所有的牧师、僧侣和神父都在苏格兰人到来之前就逃走了，几乎所有民众也逃之夭夭。"

爱德华号召他的贵族们和他一起发动另一场进攻，但许多人拒绝了，因为他从这些贵族身上榨取了太多钱，所以在1298年入侵苏格兰时，他率领的军队主要由威尔士人、爱尔兰人和加斯科尼人组成。让英格兰骑士去苏格兰并不容易，因为那里几乎没什么像样的战利品。1282年，爱德华一世甚至提出给服兵役的骑士一份报酬，但骑士们拒绝了，或许他们认为这是一种侮辱。

华莱士与布鲁斯

这时出现了一位新人物。1296年，法律文书上曾出现"威廉·华莱士，盗贼"的字样。英格兰编年史家于次年首次提到这位苏格兰领袖时，将其描述为"强盗头子、流浪汉和逃犯"。

看过《勇敢的心》的人都知道，威廉·华莱士之所以卷入苏格兰起义中，是因为当地的英格兰治安官杀了他的妻子。但影片中没有提到的是，治安官此举是为了报复华莱士杀死了他的儿子，因为他儿子曾对华莱士的衣服嗤之以鼻，冒犯了华莱士。根据另一个故事，华莱士还曾与一名英格兰士兵展开殊死搏斗，因为那名士兵曾对华莱士说："苏格兰人要刀有什么用？"爱德华的财政大臣克莱辛翰（Cressingham）被华莱士杀死。华莱士还有许多其他粗暴行为，所以他并不是很多人以为的浪漫人物。正如一位编年史家所言，华莱士"不遵守骑士规则，在战场上不分男女，不论长幼，一律格杀勿论"。

华莱士出身于贵族家庭，所以他不会以古皮克特风格将自己的脸涂成蓝色，就像今天女王陛下的武装部队总司令也不会把自己装扮成都铎时期的吟游诗人。[7]关于华莱士的大部分故事，以及长腿爱德华的第二任妻子爱上华莱士这个剧情的最早版本，都出自一个叫"盲人哈利"（Blind Harry）的诗人。哈利生活在华莱士200年后的时代，所以那些故事的真实性有待考究。

入侵苏格兰从一开始就是一场灾难。英格兰和威尔士步兵酒后斗殴,导致威尔士人撤退,并威胁要站在苏格兰一边。爱德华的反应是:"我才不在乎我的敌人们联手,我可以一天之内打败他们两个。"他的话听起来颇像星球大战里面的大星区长威尔霍夫·塔金下令毁灭一颗星球时候的语气。

在华莱士的带领下,其他贵族也加入了起义,包括像詹姆斯·斯图尔特(James Stewart)和威廉·道格拉斯(William Douglas)这样的显贵们。(道格拉斯的妻子是他自己绑架得来的,而这是当时还未完全消失的维京人传统之一。)

1297年9月,苏格兰人在斯特灵桥(Stirling Bridge)——一座仅能容得下两人并排走过的桥——罕见获胜。苏格兰人最初有一些英雄事迹和荣耀时刻,但之后总是打败仗。次年在福尔柯克战役中苏格兰又输了。苏格兰人知道败局已定,就在山坡上采取刺猬防御战术,但他们的贵族却逃离了战场。为了这场战役,爱德华命人在附近王后的房间安装了新的大窗户,这样一来"王后和那些贵族小姐们就可以看到他们英勇奋战的场面了"。中世纪的男性认为这种行为对女性来说魅力十足。[8]

在这场战争中,需由数千人拖拽才能移动的大型攻城武器帮了英格兰人的大忙,这些武器能向敌人发射大量丸弹。其中一架名为"战狼"的抛石机让爱德华很兴奋,他甚至拒绝了敌方的投降,因为他想试试自己的新"玩具"(投石机的名字通常很吓人,比如"上帝的抛石机"或"狂怒者")。与此同时,苏格兰人不得不采取一些技术水平较低但同样可怕的手段,其中之一就是设法把英格兰士兵围堵在一座桥上,然后把桥撞毁,以使身披重甲的士兵掉入河中溺水而死。

即便是英格兰国王在这场战争中也险些丧命。有一次爱德华骑着马在城墙周围游荡,一支弩箭射穿了他的铠甲,差点要了他的命;还有一次,抛石机抛出的石块吓到了他的马,受惊的马把他甩了出去。

在独立战争进行的同时,许多苏格兰人之间也结了世仇。一个苏格兰贵族最终抓获了华莱士,并于1305年把他移交给了英格兰人。华莱士随后被带到伦敦,在那里被判处叛国罪。显然,人们不认为他是无罪的,他很快就要在如今伦敦时尚的史密斯菲尔德市场附近受到绞刑等刑罚。

华莱士的尸体被运往英格兰和不列颠的其他各地,他的头被钉在伦敦的一根长矛上。有人把苏格兰权威和法律的象征——苏格兰国玺呈献给爱德华国王,国王却把它扔到了一边,富有哲理地说道:"不与无能之人为伍,方能成大事。"(A man does good business when he rids himself of a turd.)

华莱士虽然死了,但他笑到了最后。1995年,梅尔·吉布森（Mel Gibson）执导的电影《勇敢的心》上映后不久，由约翰·梅杰（John Major）领导的备受责难的政府将斯康石送回了苏格兰，以期减少人们对保守党的反感（此举并不奏效，他们仍在第二年的大选中落败）。

现在我们来谈一谈苏格兰的另一位英雄罗伯特·布鲁斯。布鲁斯也不是什么天使一般的人。教会并不支持他领导的苏格兰独立运动，因为他曾在教堂杀死了一个他的反对者。这件事发生在1306年2月，那天罗伯特·布鲁斯在敦夫里斯郡（Dumfries）方济会教堂的主祭坛前刺死了苏格兰前摄政大臣巴登诺赫的约翰·康明（John Comyn of Badenoch），并自称苏格兰之王。作为报复，爱德华将罗伯特的妹妹玛丽·布鲁斯和另一个女人——给罗伯特加冕的巴肯伯爵夫人（Countess of Buchan）囚禁在木笼子里。她们算是幸运的了，因为所有支持罗伯特的人，包括他的三个兄弟和三个连襟，都被处死了。

长腿爱德华也开始处决苏格兰贵族。阿瑟尔的约翰（John of Atholl）是1076年以来第一个被英格兰国王判处死刑的伯爵，理由是他违背了骑士精神。鉴于他是贵族，爱德华给了他一个特殊待遇，将他先绞死在比他的同党即那些普通犯人高30英尺的绞刑架上，然后砍掉他的头再处火刑。（在英格兰有一点很重要，就是即使在行刑期间，也要区分阶级。）然后爱德华下令把布鲁斯的嫂子——巴肯伯爵夫人伊莎贝拉关在笼子里，因为她参加了布鲁斯的加冕礼。虽然爱德华一直以来在英格兰十分残暴，但英格兰国内发生的暴力在接下来的一个世纪里，随着玫瑰战争逐渐降到了最低点，这在一定程度上是因为爱德华开始关注法律。他把反叛者看作叛国者，而非像他的祖先一样将其视作自己的冤家。

为了躲避来自英格兰和苏格兰的敌人，罗伯特·布鲁斯意识到他唯一的希望就是把自己塑造成一个反英独立领袖。有一次，也许是在独立战争中最著名的一件事，布鲁斯躲在一个山洞里，在那里，他看到一只蜘蛛试图把一根丝系在一根横梁上，但失败了6次。蜘蛛在第7次尝试时成功了，这鼓舞了布鲁斯坚持下去的意志。[9]

1306年，苏格兰爆发了一场新的叛乱，时年68岁的爱德华再次向北挺进，他发誓要速战速决，不会在同一个地方睡上两个晚上，直至击败叛军。出发前，他在威斯敏斯特教堂举办了一个庆祝圣灵降临节的宴会，后被称为天鹅宴。在那次宴会上他给他的儿子爱德华和其他300名年轻人授予了骑士身份。当时国王发了两个誓，一个是要惩处罗伯特·布鲁斯，另一个是要继续十字军东征——在他这个年龄，这看起来不太可能。小爱德华于是发誓说他也不会在同一个地方睡两个晚上，直到他完成了父亲的使命——粉碎苏格兰人，其他年轻的骑士都发誓追随他。比起打仗，小爱德华更喜欢编花篮，显然他并不是真想要发誓做这些事，因为这种誓言经常是人们在宴会上喝得酩酊大醉时许下的。从十字军东征开始，各种各样的编年史记载了人们在喝得烂醉后发誓要去耶路撒冷,但醒来时又惊恐万状的情形。

在这个盛大的仪式之后便是比武大会,以庆祝这位未来的国王和他光辉的统治(比赛中有两人死亡,这在当时的体育赛事中不算特别糟糕)。然而在靠近苏格兰边界的地方,长腿爱德华罹患痢疾不幸去世了。根据一个流传甚广的传说,爱德华即便在弥留之际仍然要求仆从们在他死后带着他的尸骨继续征战苏格兰,直到叛乱分子被镇压。遗憾的是,这传说纯属子虚乌有。

爱德华去世的消息被保密了两个星期,任何谈论此事的人都被关进了监狱。但当公众得知此事时,人们十分悲痛。在中世纪的欧洲,人们常常喜欢被一个强硬的人,甚至是一个残忍的、压迫他们的人统治。一位作家哀叹爱德华"不仅超越了亚瑟王和亚历山大,还超越了布鲁特斯、所罗门和狮心王理查"。他还补充道:"我们必须把他视为从古至今最伟大的国王。"一位威斯敏斯特的讣告作者说,爱德华对顺从的人很平和,但对"他生而傲慢的儿子们来说,他则是一个'可怕的国王'"。位于威斯敏斯特大教堂的爱德华墓碑上写道:"爱德华一世,苏格兰之锤,忠于信仰。"这里没有爱德华的雕像,那或许是他儿子的命令;他俩彼此互不喜欢。

作为国王,爱德华也有一些好的方面。有段时间他到处游历,足迹遍及西欧、北非各处,还到过塞浦路斯。不过平心而论,他去这些地方几乎全是为了打仗。爱德华还委托人对英格兰进行勘测，绘制了英格兰的第一批地图，在此之前，人们几乎没有任何关于西欧的地理知识；然而，他的动机可能不是为了探索世界，而是想要入侵地图上的地方。

他统治时期的另一个主要发展——议会——也是如此。由于他的战争耗资巨大，他被迫给上议院和下议院越来越多的发言权。用一位历史学家的话说，1294年至1303年的加斯科尼危机催生了"通过议会征税来创建国家财政体系"这一传统。[10]实际上，正如我们所知，他创立了议会，即便这未必是他最初的本意。

ENGLAND IN THE AGE OF CHIVALRY... AND AWFUL DISEASES

第4章
饥荒

The Hundred Years' War and Black Death

特立独行的国王

如果14世纪没有发生那么多悲剧，爱德华一世的继任者就应该是阿方索一世。但他作为爱德华的长子却死于父王之前，故无法继位。还有很多人都是如此，他们在继位前就离世了，比如尤斯塔斯（Eustace）、亚瑟、弗雷德里克（Frederick）以及拉尔夫（Ralph，忏悔者爱德华的侄子，如果他没有在1057年去世的话，可能十年之后原本应当由他来继承王位）。

于是爱德华只能将王位传给自己唯一幸存的儿子——爱德华二世。爱德华二世虽然身材高大、发色金黄、体格健壮，但因为他总是花大把的时间和英俊的宫廷"宠臣"混在一起，简直就是当今八卦专栏"流行明星和他的密友"的中世纪版本，所以他的父亲对他非常失望。事实上，与从军相比，爱德华二世更喜欢编篮子、盖茅草屋、园艺以及其他可以算作早期DIY（自己动手制作）的活动。但是这一切在当时还不够开化的中世纪人看来，都不该是一位国王应有的作为。除此之外,他最不体面的爱好可能就是划船了,因为在当时社会,国王是从来都不需要拿桨的。爱德华这样做可谓丢脸至极。

除此之外,可能是因为他的奶娘本身也是一位业余吟游诗人,所以爱德华二世也十分热衷于业余的戏剧表演,并且还是一位"音乐狂人"——在他的加冕礼上,他花钱请来154名音乐家演奏。有一次,只是因为"圣奥尔本斯的杰克"在"国王面前的桌子上跳舞,把国王逗得大笑不止",爱德华一开心就给了他50先令;爱德华还赏了一个厨师20先令,因为他在国王面前表演骑马……却经常从马背上摔下来,就同样把国王逗得"简直合不上嘴"了。许多这样的片段都充分表明爱德华二世并不是一位英明智慧的领袖。不仅如此,他在赌博和掷币游戏中也输了很多钱。

人们常常抱怨爱德华二世喜欢园艺而非军事,还总喜欢和"风尘女以及小丑们"混在一起,没有一点国王的样子。据当时的编年史家雷纳夫·希格登(Ranulf Higden)记载,爱德华二世非常喜欢和"通晓奇技淫巧之人"及"小丑、歌手、演员、马车夫、挖沟人、划桨手以及水手们"为伴。

他所有爱好中最饱受争议的恐怕就是游泳了。当时人们普遍认为游泳是一项缺乏男子汉气概的运动,甚至中世纪人还一度认为游泳这项运动是非常邪恶的,因为他们认为游泳就是"和一种非自然元素像幽灵一样拥抱"。[1]水手和渔夫们也都觉得游泳是一项十分不吉利的运动,这一点很好理解，因为毕竟他们这个群体中有太多人都淹死在了水里。据记载，在1303年2月的某一天，国王和"傻子罗伯特"一起去游泳了，而这无疑刚好满足了爱德华二世对两种爱好的需求。但是，爱德华二世并非毫无涵养可言，毕竟他是第一位兴办大学学院的英格兰君主。以前剑桥大学的国王学堂（King's Hall，1317）便是由他创建的。

爱德华二世的统治从开始就一塌糊涂，并且只会变得越来越糟糕。据一位历史学家说，他"可以算作是英格兰史上最糟糕、最危险的一位国王了"。[2] 另有一个人形容爱德华二世简直就是"最终登上王位的野蛮和愚蠢壮汉的最佳例证之一"。[3]

虽然爱德华常常因为是非不分而饱受责难，但是他之所以这样，可能都是因为受到了其充满孤独和悲伤的童年的影响。爱德华一世共有16个子女，而爱德华二世是其中最小的一个。他其余的兄弟姐妹们，不是比他年长太多，就是很早之前就已经去世了。他的母亲在他只有6岁的时候就去世了，在他的幼年时期，父亲大部分时间都在外打仗。这样看来，当时的环境确实不适合他的成长。长腿爱德华并不是一位慈祥的父亲，孩子惹他生气时他就打他们耳光。他不仅曾经把女儿的小王冠扔到火堆里，还有一次，因为不能忍受小爱德华和皮尔斯·加弗斯顿的关系，他甚至直接扯掉了这个不肖之子的一些头发。

加弗斯顿来自加斯科尼，是一位小贵族，从小就是爱德华的朋友。他们的关系很亲密。事实上，正是长腿爱德华选择让加弗斯顿陪着他儿子长大的。小时候，当爱德华带着他们一起去苏格兰打仗时，两个人总是形影不离。

然而在爱德华一世去世的前一年，伦敦的一位编年史家曾记录到，老国王因为"看到了他的儿子威尔士亲王和某位加斯科尼骑士之间过分亲密"而一度非常生气。爱德华二世曾经想把位于法国北部的蓬蒂厄（Ponthieu）赐给加弗斯顿，那可是他从母亲那里继承来的领地。而当他为此征求爱德华一世的意见时，爱德华一世生气地回复道："你这个混蛋！你自己都没继承到土地，就已经想着要把土地给别人了吗？我向天起誓，如果不是怕这个国家四分五裂，你永远都别想从我这里继承到任何东西。"

1306年末，加弗斯顿和其他21名年轻骑士一起，在对抗苏格兰时擅离职守，转而去参加了一场骑士比武大会。1307年1月，加弗斯顿获得了赦免，但是仅仅一个月之后他就被驱逐出了英格兰，未经国王允许不得回国。离开之前，年轻的小爱德华送给了皮尔斯两套绿色的比武服饰，这两套衣服上绣有"加弗斯顿"字样的盾形纹章，一套由细麻制成，另外一套则是丝绒质地，并饰有金银丝线绣成的图案，配以珍珠。可是通常男性朋友之间是不会送这样的礼物的。

父王一去世，爱德华二世便立即召回了皮尔斯，甚至还没等到父王下葬，就授予了皮尔斯·加弗斯顿"康沃尔伯爵"的封号。爱德华一世的葬礼举行之后的第五天，他便安排皮尔斯和侄女玛格丽特结婚，并且以新君主的荣耀身份出席了在伯克翰斯德城堡举行的婚礼仪式。他甚至自掏腰包，让新郎和新娘沐浴了一场"银币雨"。

爱德华二世在自己的卧室附近为加弗斯顿留了一间卧室，并且，在他继位仅6个月之后，就决定任命加弗斯顿为"摄政大臣"。两人亲密到主持朝堂公务时都穿一样的衣服。他们的关系很快就引起贵族的强烈不满——不仅仅是因为他们两人之间的亲密关系，还有相当一部分原因是爱德华二世对他的宠臣过于偏袒了，这使得加弗斯顿从中享受到了太多原本只有上层贵族家庭才能享受到的好处和特权。似乎加弗斯顿就是有能够轻易惹来众怒的天赋，再加上他本身又是个外国人，来自一个小贵族家庭，出身低微，他的处境只会越来越糟糕。

加弗斯顿

但是没有人比爱德华二世的新婚妻子伊莎贝拉更为愤怒的了。她是法王腓力四世的女儿，虽然年仅12，却意志坚强、十分聪慧。爱德华二世和伊莎贝拉结婚一个月之后便举行了加冕仪式。这场加冕仪式简直是场灾难，因为当时爱德华佩戴了代表着他和加弗斯顿的盾形纹章，并且在整场仪式过程中都和加弗斯顿坐在一起，却把他才刚刚新婚的王后晾在一边。1308年底，大贵族们开始要求爱德华二世除掉那位加斯科尼人。因为加弗斯顿高傲的姿态"让贵族忍无可忍，这是一切仇视和怨念产生的主要原因"。他给有权势的贵族都起了些恶毒的绰号，因此树敌无数。比如说，他称格洛斯特伯爵为"私生子"，称莱斯特伯爵为"骗子"，以及称沃里克伯爵为"黑猎狗"。于是，沃里克就对他的同伴们说道，"就让他喊我猎狗吧"，"迟早有一天我会咬他一口"。

加弗斯顿还是一名十分出色的斗士，在许多比武大会中都拔得了头筹，无人能敌，可是这无疑使那些贵族更加恼怒。那年晚些时候，一些贵族开始要求国王驱逐加弗斯顿。迫于无奈，爱德华二世只得派他到爱尔兰去做摄政王。但他把爱尔兰搞得一塌糊涂，于是在未经任何人准许的情况下，又回到了英格兰。苏格兰战场失利之后，由极其富有的兰开斯特伯爵（Earl of Lancaster）托马斯领导的贵族集团，成立了一个名叫"贵族立法团"的委员会，要求国王进行整改。托马斯是爱德华二世的堂兄，他掌管的私人军队的实力甚至超过了国王的军队。

1310年2月，一群贵族带着武器怒气冲冲地来到了议会。国王被迫答应了他们的要求，他任命了21位贵族，授予他们"掌管王室财产和国家财产"的权力。这些敢于挑战国王的人声称，"除非国王同意他们的要求，否则他们不会再把他当作国王，也不会再履行当初的效忠誓言"。

为了分散这一问题的注意力，爱德华二世决定入侵苏格兰，他让加弗斯顿陪他一起去，同时迫使年仅15岁的伊莎贝拉王后同行。然而事情发展得并不顺利。在国内，大部分伯爵都不愿意参与这次行动,而在苏格兰,当地军事首领罗伯特·布鲁斯没有直接在开阔的土地上与英军交战,而是和英军打游击战。最后,爱德华二世在贝里克郡花了8个月的时间,一无所获,只能在1311年7月的时候和伊莎贝拉一起向南转移。

尽管在苏格兰作战时加弗斯顿是国王的副手,可是爱德华二世刚回到英格兰,贵族立法团就又提出了41项新要求。其中部分要求反映了议会日益重要的地位,这种地位逐渐演变成了对王权的制约:他们要求上议院议员们有权成为国王的顾问,负责审查所有王室任命;国王只有在征得贵族一致同意的情况下才可以发动战争;议会必须在财政事务上拥有更多的发言权;所有收入都必须上缴国库,用以应对当前所面临的严峻政治形势。然而他们的主要目的是让国王除掉加弗斯顿。爱德华二世抗议道:"不要再迫害我的兄弟皮尔斯了。"1311年11月,爱德华二世还是同意了放逐这位康沃尔伯爵,而这已经是加弗斯顿第三次被放逐出境了。然而就像是肥皂剧桥段一样,加弗斯顿在圣诞节时又出现在了英格兰,并且在接下来的一个月里都和国王一起待在约克。于是,叛乱进一步升级了。

1311年2月,一个在贵族领导阶层处于关键地位的人——林肯伯爵亨利·莱西(Henry Lacy)去世了。他一直是一位不站队的中立者,但是在他去世之后,反对派领导层便让他的女婿兰开斯特的托马斯(Thomas of Lancaster)

继承了他的爵位。托马斯是爱德华一世的弟弟埃德蒙的儿子，他在北方拥有大量的土地以及庞大的私人军队。事实上他早就"十分敏锐地意识到自己在英格兰贵族中拥有独特地位，并且不论是从出身还是财富以及权势来看，他都明显在同龄人中备受瞩目"。[4]他不仅是爱德华二世的堂兄，也是伊莎贝拉的叔辈，而他的母亲则是路易八世的孙女。他已经拥有兰开夏郡（Lancashire）、莱斯特以及德比（Derby）的相当大地区的统辖权，他与爱丽丝·莱西（Alice Lacy）这位女继承人结婚之后又意味着他拥有了林肯以及索尔兹伯里（Salisbury）地区。他性格冷漠、傲慢、孤僻，也看不上这些国王的反对者们。他与这些反对派唯一的联系可能就是他们都痛恨加弗斯顿。

王后伊莎贝拉同样对加弗斯顿恨之入骨，她向自己的父亲腓力四世抱怨他的行为后，腓力四世甚至为此而买通两位伯爵密谋陷害加弗斯顿。但是后来，腓力四世看到爱德华二世将蓬蒂厄郡送给伊莎贝拉之后，便又打消了这个念头。

爱德华二世和加弗斯顿在边境地区时，叛乱领主们选择向北行进对抗他们。令人难以置信的是，这些领主们居然声称他们只是去参加比武大会，只不过恰巧有一支庞大的军队紧随其后罢了。当年4月底，兰开斯特伯爵到达了纽卡斯尔，而当时爱德华二世把武器、珠宝以及马匹，甚至他刚刚怀孕的妻子都置于身后，只带着加弗斯顿一起走水路逃跑。爱德华二世曾两度抛弃他的妻子伊莎贝拉，而这次就是其中的第一次。但是客观来说，当时伊莎贝拉怀着孩子，和爱德华二世他们两人一起走水路的话确实非常危险，而且就算被叛军抓住，她也不像加弗斯顿一样招人怨恨，因而没什么好怕的。事实上，爱德华二世和加弗斯顿两人在波涛汹涌的大海中整整漂泊了5天，加弗斯顿当时正生着病，他一定倍感失魂落魄。

虽然爱德华二世丝毫不能胜任国王的职责，但是历史学家们对那些反对他的平庸之辈也没什么正面评价，[5]他们称兰开斯特伯爵"阴郁、报复心强、自私自利、野蛮又恶毒"，沃里克伯爵"阴险奸诈"，而贪得无厌的萨里郡伯爵苏厄德·德瓦伦（Seward de Warenne）是"一个声名狼藉的无名之辈"。尤其是沃里克伯爵，简直就是一个两面人：既热衷于高雅文化，又是一个十足的施虐狂。[6]

加弗斯顿很快就尝到了苦果。他被围困在斯卡伯勒（Scarborough），只得向彭布罗克伯爵（Earl of Pembroke）投降。彭布罗克伯爵是国王忠实的拥护者，他向国王发誓会照顾好被关押的加弗斯顿。可是等到彭布罗克伯爵离开斯卡伯勒去看望他的妻子比阿特丽斯时，沃里克伯爵得知没人保护加弗斯顿了，便立刻召集了一支军队，骑行了25英里来到位于德丁顿（Deddington）的彭布罗克城堡。城堡里的士兵们都放下了武器，沃里克伯爵便从窗外向加弗斯顿喊道："站出来，你这个叛徒，你被捕了。"[7]可怜的加弗斯顿就这样以犯人而非伯爵的身份被拖了出来。6月19日那天，他被移送给兰开斯特伯爵的手下,押向两英里外的布莱克洛山。一开始是有人用一根绳子牵着他走,后来干脆让一匹老马拖着他走。最后,兰开斯特伯爵令手下朝加弗斯顿捅了一刀,当他倒下时,另一名士兵拔剑砍下了他的头。康沃尔伯爵就这样被弃尸荒野,直到后来僧侣们为他收了尸。

据一位编年史家称,凶手们当时"都非常清楚,一旦这事被国王知道的话,他一定会为加弗斯顿报仇的"。[8]爱德华二世闻讯,悲痛欲绝。于是在加弗斯顿去世一周年之际,他动身前往法国,与"弄臣伯纳德和54名裸舞者"一起娱乐了一番——每个人的自我疏解方式竟如此不同。

几个月之后,王后生了一个男孩,她的家族决定给他取名为路易,但英格兰贵族们却否决了这个名字,还是希望孩子能叫爱德华。几周前伦敦人还在担心自己的城市会陷入一场内战,而现在他们却已经喝着免费的酒,开始在大街小巷里狂欢了。一有像王子出生这类喜讯,官府就会免费派送酒类,民众喝得酩酊大醉,常会闹出不少人命。

国王夫妇很快便前往法国,在那里,于外人看来一切正常。有一次,爱德华二世和伊莎贝拉一起睡过了头,而法国主人们就听之任之,觉得爱德华二世是因为想和美丽的妻子一起共度甜蜜时光才睡过头的。但事实上,这几乎不可能。[9] 7月份,贵族们在伦敦等待国王出席会议,爱德华二世竟没有露面,甚至都没派人传个口信。

班诺克本

为了转移民众对自己无能的注意力,爱德华二世决定在1314年入侵苏格兰,但最终这次战争竟然成了英格兰历史上最耻辱的失败之一。在班诺克本战役中,英格兰军队人数是罗伯特·布鲁斯所带领军队人数的两倍,双方在"一片阴森泥泞的沼泽地"中交战,尽管地形本身确实不利于英格兰人作战,但爱德华二世灾难性的指挥却是英格兰战败的主要原因。赫里福德伯爵和格洛斯特伯爵这两大伯爵因为领导权问题起了争执,对此国王也不知道该怎么办,于是他决定让两个人共同指挥。最后,格洛斯特伯爵怒不可遏,决定单枪匹马地向苏格兰人发起进攻。他想通过这种方式来赢过赫里福德伯爵,但是却被当场砍死。他的死至少结束了两人的领导权之争。

在随后的战斗中,大约有1000名英格兰士兵阵亡,其中包括22名男爵和68名骑士。英格兰军队溃退50英里,更多的人在追击中丧生。雪上加霜的是,英格兰国王的国玺也落入了苏格兰人之手。苏格兰人运用简单的作战技巧就打败了原本比他们强大许多的敌人,并且仅仅损失了两名骑士以及500名长矛兵。当时,他们在英军战线周围挖好坑洞,再掩盖起来,许多英格兰士兵就这样毫无防备地掉进了陷阱。

幸运的是,爱德华二世和他的妻子一起逃到了南方,但在此后的几年里,苏格兰持续攻击英格兰北部,甚至一度有五分之一的英格兰领土都要向苏格兰国王朝贡。

与此同时，罗伯特的兄弟爱德华·布鲁斯还入侵了爱尔兰，并宣布成为爱尔兰的国王。

后来庄稼歉收了。欧洲在经历了四个温暖的世纪（在这四个世纪里，伦敦的气候曾像现在的法国中部一样温暖）之后，变得寒冷起来。英格兰的葡萄酒产业在1250年被迫关闭了，未来几个世纪都无法恢复元气。与此同时，斯堪的纳维亚半岛的谷物种植逐渐减少，位于格陵兰岛上的欧洲殖民地也被遗弃了。[10]

气候变化是导致更大范围的经济萧条的主要因素，从而进一步导致了13世纪50年代小亚细亚地区以及13世纪90年代法国爆发的一系列战争。早在1289年，当时的一场暴风雪毁了收成，而在1309年至1310年期间，泰晤士河结冰，波罗的海也在那十年中结过两次冰。1272年到1311年期间，英格兰发生了五次饥荒，但"1315年至1319年期间的灾难达到了高潮"。[11]

约翰尼斯·德·特罗克洛伊（Johannes de Trokelowe）当时是一位本笃会修士，他曾这样写道："公元1315年，除了要遭受其他苦难外，英格兰的饥荒问题也日渐加剧。肉类和鸡蛋告罄，几乎找不到一只公鸡和其他家禽，动物都死于瘟疫，同时又因为饲料价格过高，猪也喂养不起。英格兰饥荒一片，箪瓢屡空。当国王在圣劳伦斯节（8月10日）当天来到圣奥尔本斯时，人们几乎买不到面包来供应他的随从们。"

那时日照也不够充足，影响了盐的产量，使得肉类更难保存。再加上许多动物淹死在洪水中，农作物也饱受虫害，这些都是"我们这个时代从未见过的"苦难。一位编年史家记录到，那些穷人开始吃"狗、猫、鸽子粪"。

至少这次大饥荒彻底打消了苏格兰-爱尔兰盟军与英格兰对抗的念头。苏格兰打着"解放"爱尔兰的旗号入侵爱尔兰，尽管在某些方面他们确实心怀善意，但随着苏格兰军队中饥荒不断加剧，所谓的善意也荡然无存了。当地的教士也抱怨苏格兰人甚至还不如英格兰人，因为苏格兰人"把树林、草地、玉米、庄稼、田地、谷仓、教堂全都烧毁了"。相比说法语的苏格兰贵族，爱尔兰的盎格鲁-诺曼精英阶层与本土爱尔兰人有更多的共同之处。据英格兰人称，许多盎格鲁-爱尔兰人都变成了"堕落的人"（degenerates）[12]，因为他们采用爱尔兰的语言、法律以及风俗习惯。

暴力四起

英格兰的犯罪率也在大幅上升，以今天的标准来看，那些犯罪行为已经是十分离谱的暴力行为了。事实上，官府为了打击犯罪而做出的努力经常引来民众领袖们的怨恨，因为他们中的许多人或多或少都要对某些暴力行为负责。因此，当爱德华一世在1304年发起镇压行动时，"当时，一位声称是退伍老兵的人在自己的歌曲中抱怨说，由于施行了新政策，许多像他一样的好人仅仅因为打了几下自己的仆人，就

受到了诬告,从而遭到不公正的监禁"。¹³

爱德华二世统治期间暴力横行,以致豪强四起。其中最为猖獗的当属付维尔家族(Folvilles)了。该家族源自莱斯特郡的一个士绅家庭。十年来,他们盘踞在阿什比·付维尔(Ashby Folville),犯下了包括谋杀、强奸以及抢劫在内的无数罪行。1326年,他们杀害了一名高级税务官。1332年,他们还绑架勒索了皇家法官理查·威洛比爵士(Sir Richard Willoughby)。付维尔家族与另外一个犯罪团伙——科特尔兄弟(Coterel brothers)沆瀣一气,使得诺丁汉郡和德比郡的大部分民众生活在水深火热之中。

可事实上,民众们并不关心对付维尔帮派的审判,相反这个帮派很受那些崇拜暴力罪犯的人的欢迎。"付维尔律法"专指抢劫一个可能罪有应得的人。就如一个老笑话所言,这些人差一半就成了罗宾汉式的人物,只可惜他们劫富,却不济贫。

最终许多恶人都罪有应得。例如理查·付维尔(Richard Folville),他居然还是一位牧师,最终被武士从教堂拖走并斩首。但是这些不法分子中也有许多人由于加入了对抗苏格兰或法国的英格兰军队而获得了赦免。其中至少包括理查的两个兄弟,还有像威廉·德·切图尔顿爵士(Sir William de Chetulton)和约翰·德·利爵士(Sir John de Legh)这样的臭名昭著的罪犯,以及另一位帮派头子——詹姆斯·斯塔福德(James Stafford)。

这个时期的暴力活动远比当今社会普遍，暴力的源头也与现在大相径庭。

当时英格兰的谋杀率至少是现在的10倍，伦敦的谋杀率比21世纪早期美国最危险的城市还要高。而且绝大多数犯罪嫌疑人逃脱了法律的制裁，尽管这些人一旦被逮捕，肯定会受到极重的刑罚。虽然在今天，穷人更有可能成为暴力活动的受害者，但是在14、15世纪，情况却恰好相反。当时26%的英格兰男性贵族死于非命，而现如今大约只有0.4%的美国男性死于暴力犯罪。[14]

当时几乎生活中的方方面面都比现在暴力得多。当时流行的项目有"将一只猫钉在柱子上，参赛者反绑双手，冒着被拼命挣扎的猫抓破脸颊甚至抠出眼球的危险，看谁能率先用头把猫撞死"。还有"为了逗乐观众"而用棒子打死关在猪圈里的猪。[15]伴随着高亢的号角声，每个人都哈哈大笑。

当时最受欢迎的娱乐形式是宗教神秘剧，但它的风格却与黄金时代的好莱坞不同，而更像是HBO①的电视剧。[16]

宗教剧是由每座城市的不同公会组织发展起来的，包含了各种行业，而且经常都会以演员之间的群殴而告终。1399年，在切斯特的一支游行队伍中，纺织工和漂染工就曾爆发过一场激战；20年之后，在约克郡，木匠和鞋匠也曾用棍棒和斧头袭击过剥皮工。纽卡斯尔还专门颁布法律应对"工匠之间出现的诸如杀人、谋杀以及其他恶行"。

---

① HBO，时代华纳集团旗下公司，所播电视剧多暴力血腥。——译者注

暴力事件伴随着加弗斯顿死后爱德华二世越发古怪的行为而愈演愈烈。1317年,一位名叫威兹比奇的尼古拉斯（Nicholas of Wisbech）的骗子声称自己拥有一瓶托马斯·贝克特用过的圣油,爱德华二世则因此受到了蛊惑。他相信,如果涂上这种圣油,英格兰所有的政治问题都会得到解决,而且他还能征服圣地。但教皇对此却并不买账。

1318年,一位名叫约翰·波德姆（John Powderham）的人出现在了牛津的博蒙特宫（Beaumont Palace）,他声称自己是爱德华一世的合法儿子。他说现在的君主实际上是一个车夫的儿子,人们在婴儿期就把他们弄混了。但显然他是疯了,而且国王也只能把他当作傻瓜来看待。如果是在当今社会,波德姆也许会通过一个人气满满的博客来揭露那些主流媒体因心存偏见而刻意隐藏的"真相"。然而,由于人们对国王十分不满,他们竟认为波德姆也许是有道理的。国王最终还是把他绞死了。在审判过程中,这个可怜人说自己的宠物猫被附身了,并因此唆使了他。所以这只猫也被处死了。爱德华二世对这个疯子的处决激怒了王后,她气得"无法用语言形容"。事实上,在此之前就已经有迹象显示他们的婚姻存在严重问题。（伊莎贝拉具有极富慈善心的一面——她曾救助过一个在路上遇到的苏格兰孤儿:为他置办新衣服,把他送到伦敦的学校读书,并且为他治疗所患的癫头病。）

与此同时,各种相互仇恨削弱了反对派的力量。萨里伯爵曾与巴尔的珍妮（Jeanne of Bar，国王的外甥女）有过一段既不恩爱又无子嗣的婚姻，而且他一直想娶那个已经为他生育了两个儿子的情妇。因为他和兰开斯特伯爵的关系并不好，所以兰开斯特伯爵支持教会拒绝宣布其婚姻无效。为了报复，萨里伯爵诱拐了兰开斯特伯爵的妻子爱丽丝·莱西。可是由于他们的婚姻也并不幸福，她很可能在这场闹剧中心存二心。最终，这桩人尽皆知的丑事导致萨里伯爵和兰开斯特伯爵展开了一场对决。

父子宠臣

唯一能够把他们团结在一起的就是对国王宠臣加弗斯顿的憎恨了。但是，在加弗斯顿倒台之后，爱德华二世居然又找到了一位更糟糕的新宠——小休·德斯潘塞（Hugh Despenser the Younger），还有他的父亲，老休·德斯潘塞。小德斯潘塞是"一个极具威胁的杀手，与加弗斯顿那只只会让人恼火的孔雀截然相反"，[17]他还曾因为虐杀原本已经投降的俘虏卢埃林·布莱恩（Llewelyn Bren）而名声不佳。德斯潘塞贪婪无情，为增强自己在西部的权力基础，他还娶了国王的侄女埃莉诺为妻。除此之外，他还试图从曾经强大的边界领主德布里兹家族手中夺取威尔士边境上的土地，因而与该地的显贵罗杰·莫蒂默关系不睦。国家正在遭受饥荒的时候，小德斯潘塞把大量黄金存入了佛罗伦萨的银行。王后对他们厌恶至极，甚至跪求丈夫除掉这对父子，但爱德华二世丝毫不为所动。

1321年春，罗杰·莫蒂默率领边界领主们前往约克郡参加会议，与会的还有兰开斯特以及其他北部地区的贵族。贵族们的武装侍卫包围了议会，将德斯潘塞父子驱逐出境，后来小德斯潘塞成了海盗。

兰开斯特伯爵想和罗伯特·布鲁斯结盟，但是由于兰开斯特伯爵在谈判中一直自比为"亚瑟王"，而这让苏格兰人怀疑他并不是个十足的好人，所以布鲁斯并不相信他。

简而言之，爱德华二世转运了，他似乎扭转了一切。在威尔士人和德斯潘塞的帮助下，他打败了由莫蒂默率领的叛军，并在约克郡逮捕了兰开斯特的托马斯。不久，这位国王的堂兄在临时拼凑起来的法庭上受审，并且很快便被判有罪。考虑到他的王室血统，爱德华二世同意让他免于绞刑，1322年3月，兰开斯特伯爵在约克郡的庞蒂弗拉克特（Pontefract）被斩首。行刑当天，他身穿破衣烂衫，头戴破帽子，被绑在一匹老母马身上，被迫在雨雪中骑到刑场。当地人用雪球砸他，并且由于他被指控与苏格兰密谋，所以又被迫面朝着苏格兰的方向下跪。刽子手技艺不精，用了两三刀才行刑完毕。他是自诺曼征服以来第一个受到处决的王室成员。

一周之后，又有6名兰开斯特伯爵的心腹被处死。其中，约翰·莫布雷（John Mowbray）于3月2日在约克郡被实施了绞刑，而另外一名反叛者巴塞洛缪·巴德勒斯米尔

（Bartholomew Badlesmere）则被几匹马拖着穿过坎特伯雷市中心，带到了一个十字路口受了绞刑后被斩首。

国王把数十人投入了大牢，这其中还包括兰开斯特伯爵的遗孀爱丽丝·莱西。有人告诉她，如果不把自己的大部分财产献给德斯潘塞父子，她就会被烧死。莫蒂默被判了死刑，但后来又获得了减刑，被关进了塔楼里，这个地方"看起来不那么雅致"。

"合法除掉"兰开斯特伯爵震惊了全国。不久，在位于庞蒂弗拉克特修道院的兰开斯特伯爵墓穴周围兴起了一股诡异之风。据说在此地，一个溺亡的孩子复活了，一位失明的牧师恢复了视力。在圣保罗大教堂，纪念兰开斯特伯爵的石桌后来屡显神迹，引得兰开斯特伯爵的拥趸们蜂拥而至，他们号啕大哭，在石桌面前大加祭拜。

1322年8月，爱德华二世入侵苏格兰，宣称"我们没有遇到任何抵抗"。但这仅仅是因为苏格兰人和他们打游击而故意消失在福斯河畔。英格兰军队带着他们的战利品撤军了，然而这些战利品加起来也不过就是一头跛脚的母牛的价钱，但是苏格兰人却因此得以紧随其后，并最终于10月22日那天在约克郡的奥白兰（Old Byland）向英格兰人发动进攻。虽然这次战役的规模小于班诺克本，但却更令英格兰部队蒙羞。英格兰士兵逃之夭夭，爱德华二世只能丢下他的珠宝和被俘的里士满伯爵，奔到了海边，坐船逃走。

这是爱德华二世第二次抛下他的妻子任由敌人摆布，伊莎贝拉被关在诺森伯兰郡泰恩茅斯的修道院,被苏格兰人切断了与英格兰的联系。爱德华二世给她写了信,但没有试图亲自救她出来,而是命令德斯潘塞的亲信前去。但因为伊莎贝拉并不信任他们,因此拒绝和他们一起离开。最后她乘船逃了出来,但她的两个侍女在途中死去,一个死于分娩,而另一个坠船溺亡。

从爱德华二世的统治方式来看,他绝对得不到别人的忠诚。1323年,在巴勒布里奇战役(Battle of Borough-bridge)中大败兰开斯特伯爵的英雄安德鲁·哈克雷(Andrew Harclay)认为,只有与罗伯特·布鲁斯谈判才能结束战争。于是两人安排了见面。然而,当爱德华二世和德斯潘塞得知这一切之后,他们立即处决了他,并且下令要将哈克雷拖出来先绞死,再斩首。"你的心、你的肠子、你的内脏以及你那不知道从何而来的背主的想法将一起被撕扯而出,化为灰烬,再被风吹散;你的身体也将被斩为四段",哈克雷的尸块分别被送到了卡莱尔、纽卡斯尔、约克以及什鲁斯伯里示众,而首级则被挂在了伦敦桥上。

铁血悍妇

1324年,法国的新国王、伊莎贝拉的哥哥查理四世(1322~1328年在位)入侵加斯科尼;英格兰人不得不通过赔款换取了一份为期6个月的停战协议,并割让出大量土地。这场英法战争显然对王后不利,德斯潘塞没收了她的土地,并且她的住处也惨遭洗劫,那里的法国人也遭到拘禁。除此之外,她的3个孩子也被带走,置于德斯潘塞妻子和妹妹的监护之下。

随后,1325年3月,伊莎贝拉被派往法国执行一项外交任务——与她的哥哥讲和。她的随行人员较少,只有31名随从,这些人都因对德斯潘塞忠心耿耿而被选中。命中注定的是,她会在那里遇到罗杰·莫蒂默——他于1323年8月1日用最古老的计谋(尽管在当时这个办法可能不算老)成功逃出了伦敦塔。当天正是伦敦塔礼拜堂的守护神圣彼得·阿德·文库拉(Saint Peter ad Vincula)的节日,守卫们常常在这一天喝得酩酊大醉。莫蒂默的朋友们买通了守塔的头目杰拉德·德·阿尔斯帕耶(Gerard de Alspaye)。杰拉德为了避免自己被怀疑,便在包括自己在内的所有人的酒里都下了药。莫蒂默的朋友们设法来到他的牢房隔壁进行接应。莫蒂默先爬到国王的厨房,然后借着绳梯爬上屋顶,翻过高墙,最终到达了河岸边,在那里有一艘船带着他穿过北海,到达埃诺(Hainault)。

莫蒂默逃走之后,德斯潘塞开始相信敌人的支持者们用了巫术——黑魔法来帮助其逃生,于是他写信给教皇,说"他们的巫术与阴谋"已经使自己陷入危险之地。教皇并不相信,而是回复他说没有必要采取任何补救措施,只是"建议他要向上帝虔诚祈祷",但这似乎是不太可能的。

在法国,伊莎贝拉见到了哥哥查理,他同意在不强迫爱德华二世到巴黎朝拜的情况下，承认英格兰对加斯科尼的占有权，但是国王的长子爱德华必须要代替他的父亲来履行这项义务。王后尝试说服国王，希望他允许爱德华王子前往法国，以免国王本人受辱，还说到一切结束之后他们母子二人便会一起返回。爱德华二世同意了，但这是一个致命的错误。1325年9月，在爱德华王子和他的母亲一起离开之后，德斯潘塞父子立即意识到被骗了，因为有王子在手，伊莎贝拉对他们的威胁就更大了。

爱德华二世命令他的妻子和儿子回国，否则，她将"领教他一辈子的愤怒"。但王后不愿意回来，查理也拒绝将自己的妹妹驱逐出境，而爱德华王子也更愿意和自己的母亲待在一起。

伊莎贝拉曾抱怨说："我觉得婚姻是男女间的紧密联系，但是有人插足在我和丈夫之间，想要破坏这种联系。我发誓，在插足者被除去之前，我绝不回去。我会丢掉婚服，换上哀悼亡夫的寡居长袍，直到我大仇得报，直到这个人消失，不然我绝不回国。"然而国王似乎完全没有意识到他的妻子究竟有多么憎恨他；甚至1321年的圣诞节时，他还为王后和女儿准备了特制的圣诞礼服。现在王后在法国，"他仍然以暖心丈夫的角色写信给她，在信中向她诉说着困惑和些许的不满，他想象不到究竟问题出在了哪里"。[18]究竟是什么让她不高兴了呢？

罗杰·莫蒂默当时还在佛兰德，后来他来到法国参加葬礼,在那里遇到了王后,进而开启了两人命中注定的恋情。但由于当时罗杰已经结婚了,还有一个十岁的孩子,所以伊莎贝拉的家族并不十分支持他们之间的这段关系。

当时与伊莎贝拉在一起的还有爱德华王子同父异母的兄弟肯特伯爵(Earl of Kent,他是伊莎贝拉名义上的儿子,这实在让人困惑)以及像里士满伯爵这样的显贵与两位高级主教,他们都转而反对现政权。爱德华二世国王宣布王后为异族敌人,同时为了王国的安全没收了她的封地。但后来在1326年10月,王后带着一小支部队和莫蒂默以及她的儿子又一起回到了英格兰。本来东安格利亚是由爱德华王子另一位同父异母的弟弟诺福克伯爵(Earl of Norfolk)来负责防御的,但现在他也站在了伊莎贝拉这一边。

伦敦的暴民们支持这次入侵,这也是他们所知道的唯一方式。10月15日,国王的盟友沃尔特·斯托普利登(Walter Stapledon)主教刚刚参加完一场弥撒活动,正走在回家的路上。沃尔特·斯托普利登也是一位财务大臣,编年史家维塔(Vita)说他是一个"贪得无厌"的人;他还是最早戴眼镜的英格兰人之一,当时眼镜还是一项从意大利诞生的新发明。当时反对国王的骚动已经达到了白热化程度,由于遭到一群暴徒的追杀,主教试图赶往圣保罗大教堂避难,但却在中途从马上被拖下来,被一把面包刀砍了头。随后主教的头颅被送到了王后手上,同月,爱德华王子宣布为"王国守护者"(guardian of the realm)。

爱德华二世和小德斯潘塞本试图乘船从威尔士的切普斯托（Chepstow）逃走，但由于风向一直不变，他们在海上待了6天之后不得不返回。他们一回去便被抓了起来。老德斯潘塞早在几天前就已经和他们失散了，后来在布里斯托尔被捕并接受审讯。当时他被拖到了包括莫蒂默、兰开斯特伯爵的兄弟亨利、肯特伯爵以及诺福克伯爵在内的法官面前。很显然，他不可能得到赦免：他被拖着穿过城市的街道，吊死在了绞刑架上。随后，他的头颅插在一杆长矛上，被运往了温切斯特。他所受到的残忍刑罚似乎是模仿对兰开斯特伯爵的处罚，颇有讽刺意味。

小德斯潘塞在被监禁期间曾试图绝食而死，所以他们决定提前执行死刑。小德斯潘塞赤身裸体，戴着一顶用荨麻编成的王冠，身上用刀子刻着讽刺诗。伴随着号角和风笛声，四匹马拖着他穿过了赫里福德。当他被处决时，人群欢呼了起来。

1327年1月，爱德华王子召集了上议院和下议院，莫蒂默被任命为摄政王。议会也第一次选出了国王。莫蒂默宣称：贵族们已经废黜爱德华二世，因为他没有遵守加冕时的誓言，并且他一直以来都被佞臣所掌控。坎特伯雷大主教宣布，爱德华二世应该被罢黜，这是民之所望。在凯尼尔沃思城堡，国王并不接受众人要其退位的建议，而是"哭泣昏倒"了。据赫里福德主教说，爱德华二世随身带着一把用来杀死伊莎贝拉的刀子，如果可以，他恨不得食其肉饮其血。显然，这段婚姻到了这个地步，夫妻二人已经是恩断义绝。

国王被带到位于格洛斯特郡的伯克利城堡，在那里他饱受虐待和嘲弄。人们用沟里的冷水剃掉了他的头发和胡子，给他穿上旧衣服并戴上用干草做的王冠，然后把他丢在粪坑里，那里满是臭气熏天的动物尸体。人们希望这位国王能就此死于食物中毒，但事实证明他的生命力依然顽强。

篡权者带着爱德华二世在城堡间来回转移，不知道该如何处置这个囚犯，最后他们决定除掉他。莫蒂默想让这一切看起来不那么可疑，所以他们谋杀的方式是把一根烧得通红的铁棍插在了爱德华的下体。但是这也不太说得通，因为几乎没有人会选择这么高调的自杀方式。[19]

尽管爱德华二世是一个无可救药的专制之君，他的妻子有充分的理由除掉他，但伊莎贝拉却在营造自己公关形象方面彻底失败，人们称她为"铁血悍妇"，一个已经没有任何女人味的女人，她成了一头"母狼"，这间或使英格兰在不久之后便卷入了一场与她的母国之间的战争；除此之外，后来的事实也将证明，与爱德华二世的统治相比，她和莫蒂默执掌的朝政同样糟糕。

ENGLAND IN THE AGE OF CHIVALRY... AND AWFUL DISEASES

第5章
百年战争

The Hundred Years' War and Black Death

傀儡国王

14世纪末,伟大的意大利诗人彼特拉克(Petrarch)曾写道:"我年轻的时候,人们认为他们(英格兰人)是未开化种族中最胆小懦弱的……甚至还不如那些苏格兰野蛮人。"换句话说,他们是野蛮人,但是远不至于是个令人印象深刻的可怕民族。与意大利人相比,英格兰人的确"远离文明"。但在接下来的几十年里,他们证明自己绝非等闲之辈。

新王爱德华三世(1327~1377年在位)与他祖父和外祖父一样个性鲜明,也同样给英格兰带来了深重的灾难。据当时的描述称,爱德华三世拥有"神的面庞",被后来的英格兰统治者尊为君主制和骑士精神最具代表性的巅峰人物。疯癫的乔治三世,这位在美国独立战争中身败名裂的国王,曾委任本杰明·韦斯特(Benjamin West)去绘制一些爱德华三世统治时期的场景。而维多利亚女王和她的丈夫阿尔伯特,也常常打扮成爱德华三世和他的妻子埃诺的菲利帕(Philippa of Hainault)这对夫妻的样子。爱德华三世炳如日星,甚至连他的宿敌法国国王查理五世（1364~1380年在位）都在自己的书房里挂着一幅爱德华三世的肖像。

爱德华三世就是骑士精神的缩影，尽管关于"他是否能流利地说英语以及他是否需要请家庭教师"[1]这个问题仍存在争议，他仍然成就了人们心目中英格兰典雅华丽的印象，并增强了英格兰民族认同感；除此之外，他还使自己的国家陷入了一场残酷、漫长又看似毫无意义的战争。爱德华率领数千名穷凶极恶的士兵在法国烧杀劫掠，法国人对其恨之入骨。

可以说爱德华就是为战斗而生的，他骁勇善战且乐在其中。这位年轻的国王年仅15岁的时候就掌控了苏格兰边境的英格兰军队，并且有一次他甚至提议从河边向后撤退几百码，以使"苏格兰人能有合适的据点和充足的战斗空间"。[2]事实上，尽管这件事只是证明了爱德华的确热衷于战斗，并且如果苏格兰人就此被迫投降的话他会非常失望，但是诸如此类的事情还是为爱德华赢得了代表骑士精神的美好声誉。

尽管爱德华身上有鲜明的英雄主义色彩，但是他还是被认作是这一时期最无趣的人物之一，因为他缺乏复杂性。他热衷于战斗，迷恋女色，喜爱运动，并且没有什么严重的性格缺陷。他"为人简单且讨人喜欢……迷人，外向，还慷慨大方"，喜欢恶作剧，喜欢参加化装舞会。除此之外，他还喜欢参加各类比武大会，在比赛中他表现得"像在后来的战场上一样勇敢"。[3]虽然在当时英格兰军队里大多是流氓混混，但是他还是能够与他们相处得十分融洽。他会和步兵们一起射箭，又或是抱着吟游诗人的铜鼓和大家说说笑笑。与当时的许多君主不同，他并不在意打击报复，甚至任由敌人的儿子们羽翼丰满。因此在这个时期，唯有他获得了众多领主的"无条件的政治支持"。[4]虽然他不爱计较是非，但是有一个人他必须要除掉。

罗杰·莫蒂默很快就"过上了纸醉金迷的生活，奢侈到连王室都望尘莫及"，令人厌恶不已。除此之外，他在举行宴会比赛的地方，设了张圆桌。[5]1329年，在一场盛大的赛事中，伊莎贝拉扮演桂妮薇，而罗杰·莫蒂默则效仿亚瑟王。这位国王的母亲还将她原本就已经非常丰厚的收入又翻了一番。他们两人很快就让国家的财政出了问题。王室财政储备从1326年的6万多英镑减少到1330年的41英镑。莫蒂默授予了自己马奇伯爵（Earl of March）的头衔，并像休·德斯潘塞父子俩一样不得民心。一位历史学家称他"或许是有史以来所有英格兰统治者中最糟的人"。与形容他的其他恶毒语言相比，这个评价已经算是褒奖了。[6]

新政权迫于现实压力决定承认苏格兰独立。这个决定自然不受英格兰民众欢迎，新政权因此进一步失去了民众的支持。1328年3月，双方在爱丁堡签订协议，英格兰人接受罗伯特·布鲁斯为国王，全权处理与他国元首往来事宜。协议要求琼（Joan，爱德华的妹妹）和大卫（布鲁斯的儿子）订婚。年轻的爱德华非常生气，拒绝参加这对新人在贝里克举行的婚礼仪式，还甚至因为通过"北安普敦条约"换来的苟安局面而悲愤交加、泪流满面。

兰开斯特伯爵亨利是前任兰开斯特伯爵托马斯的弟弟。自从继承了这个爵位以来,亨利一直试图远离政治生活,但他和其他贵族一样对于政府目前的危险走向大为震惊且不满。因此在1328年,他加入了拒绝参加议会的贵族阵营。1329年1月,兰开斯特伯爵和国王的那些来自肯特和诺福克的叔辈伯爵们一起,向伦敦发起了进攻。伊莎贝拉和莫蒂默的军队偷袭了他们在中部地区的领地,于是兰开斯特伯爵投降了。

随后肯特伯爵埃德蒙因涉嫌叛国罪被逮捕,然后跳进了维多利亚时代人们认为"极不道德"的阴谋陷阱。莫蒂默雇了两名多米尼加的修道士,让他们假作密探,诱骗埃德蒙,让他相信兄长爱德华二世还在世,并正准备返回英格兰。当时有传言称,爱德华二世其实还活着,他只是在科隆做了一名流浪的隐士。但这可能又只是一个关于中世纪逝去国王的谣传罢了。毕竟,也曾有一些人认为,哈罗德二世在黑斯廷斯战役中幸免于难,然后隐居山林。同样的传说也曾发生在德国皇帝亨利五世身上,当时有人传说他其实是在英格兰的柴郡过完自己的一生的。

出于对新政权的厌恶,肯特伯爵被引诱到"拥护前国王"的圈套中。结果很快事情败露,他也被判处了死刑。行刑当天,他被带出了温切斯特城堡,但是因为找不到愿意行刑的人,他只得在行刑台上等了5个小时。最后,终于有一个重刑犯愿意当行刑人，作为交换条件，他自己的死刑处决可以延期。刑场气氛肃杀，就连刽子手提起埃德蒙的人头时人们还是继续保持着沉默。

年轻的国王爱德华三世，生活得就如同傀儡一般。他可信之人甚少，所以偷偷给教皇传了一封信，在信中他说到，只有用到"圣父"（pater sancta）这样的称谓时，才能代表这封信是他亲手写的，否则都有可能是莫蒂默伪造的。1330年，爱德华三世决定开始采取行动：他当时只有17岁，和他一起行动的队友与其年龄相仿，就这样，开启了他们的冒险之旅。他们在诺丁汉城堡抓捕了莫蒂默。但是与相同题材的电影轻松愉快的节奏相比，这次"翻拍"显得十分暴力。平日里，谨慎多疑的莫蒂默把所有门都紧锁，并且均派人把守，钥匙都是由王后保管，就连她的儿子也禁止入内。但是事发当天，爱德华提前命令城堡的治安官留一扇门，不要锁上。然后那天夜里，他带着25个年轻人进入了莫蒂默精心设防的堡垒。这群年轻人先是杀掉了莫蒂默的3个侍臣，然后就在窗帘后面捕获了正在穿盔甲的莫蒂默。

王后恳求儿子"放过尊贵的莫蒂默"。但这个杀死爱德华父王的凶手还是被押往了威斯敏斯特受审。他被迫穿上了一件写有"现在你的荣耀在哪里？"（quid gloriaris）字样的斗篷。毫无疑问，最终莫蒂默被处以绞刑。尽管考虑到伊莎贝拉王后的求情，他免受切腹的惩罚，但是他还是在泰伯恩刑场（Tyburn）被曝尸两天。自从1196年一个带头闹事的平民威廉·菲茨·奥斯伯特（William Fitz Osbert）在这里被绞死后，这个位于伦敦西部的泰伯恩刑场就成了家喻户晓的行刑场所。这个刑场沿用了好几个世纪，甚至还被称为"上帝的审判所"。它风靡一时，当地人甚至搭好临时看台，向人们收取看台观看费。尽管有一次这些看台和脚手架倒塌了，几十人因此而丧命，也并不影响它受欢迎的程度。这个刑场最后一次施行绞刑是在1763年。当时，伦敦西区人气渐旺，当地居民认为这个遍布腐烂尸体的地方可能会降低此地的格调。当时那个绞刑架所在的地方现在已耸立着著名的大理石拱门——一座被伦敦粗劣仿制法国凯旋门的建筑。[7]

　　与莫蒂默的下场相比，对爱德华的母后的处置就轻微多了。她被流放到诺福克郡的一个巨大庄园，而她的儿子则会继续送她野猪、情人鸟以及葡萄酒作为礼物。而且她也仍然享受着每年4000英镑的津贴。伊莎贝拉也会经常到首都逛逛。她常去伦敦塔的图书馆，然后借上一些浪漫的爱情故事细细品读。奇怪的是，在宫廷中，爱德华装扮成兰斯洛特爵士（Sir Lancelot，亚瑟王圆桌武士中的第一勇士），而他的母亲则装扮成兰斯洛特的情人桂妮薇。当时，伊莎贝拉穿着银色丝绸质地的华服，上面共装饰有600颗红宝石和1800颗珍珠。同时参加这次活动的还有一些"吟游诗人、猎手和马夫"。[8]伊莎贝拉于1358年去世。下葬时，她身披结婚礼服，被葬在了她最厌恶的丈夫身旁。

　　在此期间，1333年，爱德华在哈利顿山（Halidon Hill）

的沼泽地上,收获了他的第一次军事胜利——战胜了人数是己方军队两倍的苏格兰大军。这次胜利开启了他漫长而又辉煌的征战生涯。

战争序幕

这场战争被维多利亚时代人们称为百年战争。整个战争虽然持续了116年,但它事实上更像是由三次间隔时间较长的战争组合而成的。[9]这场冲突后来演变成爱德华三世以继承他母亲的血统为由,争夺法国王位的纷争。但实际上,冲突的原因和葡萄酒有关,或者说,至少是和为英格兰供应葡萄酒的地区——加斯科尼公国有关。当时法国王室宣布对该地区行使主权,然而事实上该地区仍然在英格兰国王的管辖之下。如果爱德华三世想要在不失去教皇支持的情况下夺回该地区的主权,就只能通过成为法国国王这一个途径来解决。

后来,这场冲突就演变成了一场无须任何借口、赤裸裸的侵略战争。诺曼底等地就这样被一群英格兰恶徒和欧洲雇佣军所占领,这群人在法国境内肆意妄为,从而使得当地的普通人生活在一片水深火热之中。渐渐地,甚至就连爱德华自己也控制不住他们了。最终,这场战争不仅让英格兰王室一贫如洗,还在国内引起内战,也就是现如今情报官员们所称的"反冲"效应。

加斯科尼位于波尔多地区南部,由英格兰国王统治。虽然只是法国国王的附庸地区,但是作为复杂分封制的一部分，它大体上还是维持了和平态势。然而，但也会存在一些奇怪的现象。法国国王对当时法国的大部分地区都拥有主权，但事实上，有时他只能统治巴黎周边的一小部分地区，而其余的大部分地区实际上都是各自独立的。位列国王之下的是十二位贵族，在某些情况下，他们拥有实际统治权。爱德华就是十二位贵族之一。在阿基坦地区，他被称为吉耶纳公爵（Duke of Guyenne）或者蓬蒂厄伯爵（Count of Ponthieu）。（吉耶纳是阿基坦的别称，加斯科尼就在吉耶纳的南部。）[10]

波尔多当时拥有3万人口，葡萄酒出口为这座城市积累了丰厚财富。特别是在那个年代，每个英格兰人对葡萄酒的消费量"都是现在的好几倍"。[11]葡萄酒爱好者普遍认为，波尔多是世界上最好的葡萄酒产区，因此波尔多葡萄酒价钱昂贵。所以，英格兰人有想夺取该地区统治权的企图，也就不足为奇。正是由于葡萄酒贸易的发展，该地区为法国王室带来的收入比整个英格兰的收入还要多。

同样，也正是因为两国的经济发展密切相连，加斯科·亨利·勒·韦利斯（Gascon Henri le Waleys）才同时担任了波尔多市和伦敦市的市长。许多在英格兰工作的加斯科尼人都选择在军队中工作，积极参与对抗苏格兰人的战争。一位历史学家曾说过，"相比威尔士或爱尔兰地区而言，金雀花王朝的君主们普遍认为，吉耶纳才真正是该王朝领土不可分割的一部分。并且佛罗依萨特（Froissart）也经常称吉耶纳人为'英格兰人'"。[12] 他们还把法国北部民众看作一个独立的民族。甚至直到1789年的法国大革命结束，他们还是把那里的人称为"法兰克人"，而称自己为"罗马人"。所以，日耳曼法兰克人定居在法国北部，而法国南部多为拉丁人。[13] 由于只有200名英格兰官员在当地驻守，所以大多数情况下，那里的加斯科尼人都是在自己管理自己。这也就是为什么当地人宁愿被遥远不便的英格兰王室统治，也不愿意接受法国王室的统治。[14]

当时，虽然法国有2100万人，英格兰只有四五百万人，但那时法国陷入了分裂，举国上下毫无凝聚力可言。即使到了19世纪，地域认同感已经强了很多，大多数法国人还是不会说"法语"。相比之下，英格兰小很多，除了最北部地区，英格兰其他地区的人已经没有那么明显的地域或种族差异。

苏格兰面临的状况与加斯科尼极为相似。虽然英格兰历代国王总是将苏格兰视为他们自己的领地，但苏格兰人对此却不愿承认。因此苏格兰自然就和法国结成了"黄金联盟"。

1328年，查理四世的去世引发了一场王位继承危机。查理四世只留下一个怀孕的妻子就撒手人寰。如果她生了一个儿子，那么这个孩子就埋所应当能够成为国王，否则，王位继承问题就会难以决断。而当时，最有可能继承王位的是查理四世的堂兄——瓦卢瓦的腓力（Philippe of Valois）。愚人节那天，丧偶的王后生了一个遗腹女，王位继承人便和查理四世的亲生骨肉无缘了。于是瓦卢瓦的腓力就在巴黎议会上宣布自己为腓力六世（1328~1350年在位）。

法国和英格兰的这两位新国王好胜心都强，是典型的大男子主义者。其中，腓力更是骑士比武大赛的常胜冠军。所以，他们不可避免地将会以战斗来收场，两国关系就这样迅速恶化。虽然在爱德华三世还是王子的时候就已经表示自己会效忠于加斯科尼这个法属区，但是1329年，腓力六世又宣爱德华三世觐见，希望他能在亚眠再一次宣誓效忠法国。当时爱德华穿着印有豹纹图案的深红色天鹅绒长袍，头戴王冠，配着马刺和宝剑，出现在现场。看到爱德华这样，腓力简直怒不可遏。爱德华本来不该佩戴王冠的，但是当他的领主腓力令其改正时，他却断然拒绝。从此埋下了战争的导火索。

法国境内的众多冲突使得两国之间的矛盾变得更加复杂。再加上当时一群怒发冲冠的贵族闯到爱德华的宫殿，怂恿他入侵法国。两国之间的紧张局势一触即发。这其中的贵族，首先就是阿图瓦的罗伯特（Robert of Artois）。他是一位品行不端的法国贵族领袖，曾经为了能够继承遗产而毒死了自己的姑母，之后他被判处死刑，但为了逃脱刑罚，他逃到了英格兰。有人说罗伯特是一位"残暴阴险、仇敌遍地的冒险家"，但也有人称他"是一个光彩夺目、风度翩翩的人，他骑术高超，一向会溜须拍马。而恰巧，爱德华偏偏就喜欢这一类人"。[15] 腓力曾说过，任何包庇罗伯特的人都是他的敌人但爱德华故意赏赐了三座城堡给罗伯特，并封他为伯爵。

1336年12月，法国要求引渡罗伯特回国，且最终在来年的5月腓力六世进攻了加斯科尼地区。于是，英法百年战争正式拉开了序幕。

初胜

作为当时加斯科尼的公爵，爱德华三世不能向他的上层领主宣战，否则，教皇就会将他逐出教会。很快爱德华就想到唯一能真正掌握该地区统治权的方法就是成为法国国王。就继承规则的大部分内容而言，因为爱德华的母亲是法国公主，所以他比腓力更有优势能够继承王位。但是，正如同时代的历史学家弗洛伊桑特（Froissant）所说，"法国如此高贵，决不能落入女性之手"，女性没有统治权。由此，法国甚至规定了王位不能通过母系血统传承。据说最开始这个萨利克继承法只用于法兰克人的统治，后来才被形成了法国律法。事实上，爱德华之所以无法成为法国国王的真正原因，是因为他是一位外国君主。而腓力则不同，他在法国已经拥有了强大的权力基础。

在一个著名的故事里，阿图瓦的罗伯特在一次宴会上献了一只苍鹭给爱德华（据说苍鹭属于生性胆小的鸟类），而正是这有意的侮辱成功说服爱德华发动了战争。爱德华发誓要"横渡大海，与臣民一起……将那个国家付之一炬……迎击我那身着鸢尾的死敌瓦卢瓦的腓力……请你们放心，我一定会与他断绝关系，向他发起进攻"。这个故事极具讽刺意味,目的是让爱德华看起来非常愚蠢,但似乎他确实是一个很容易动摇的人。

随后,富裕的佛兰德也加入这场战争中来,这使得形势更加错综复杂。这个理论上从属于法国的伯国实际上是独立的,并一直与英格兰有着广泛的贸易联系。当时,佛兰德的势力分为两部分:亲英派和亲法派。1338年,亲英派雅各布·范·阿特维尔德(Jacob van Artevelde)掌控了佛兰德大部分地区后,宣称会"处死任何反对他的人"。正是这些佛兰德盟友说服了爱德华三世去夺取王位。因为只有到那时,这些亲英派才能为自己辩护说,他们所做的一切都只是在履行自己作为法国国王附庸的职责。虽然就连爱德华他自己也没把这个说法当真,但是只要坚持这场战争的正义性,他就可以继续这场战争。所以百年战争便有了自己的逻辑。出于各种原因,英格兰人直到1802年才正式宣布放弃争夺法国国王之位。但事实上,那时的法国已经没有可以供英格兰争夺的王位了,因为自从最后一位法国国王在愤怒的人群面前被斩首之后,法国便再也没有国王了。

1337年8月,爱德华还与妻子的姐夫(即当时已被教皇驱逐出教会的神圣罗马帝国皇帝路易四世)达成出兵协议。从理论上来说,这位皇帝当时统治着如今德国的大部分地区。七年以来,在答应帮爱德华对抗腓力以及提议爱德华担任帝国代理主教这件事上,他随意敷衍,含糊其词。最后,爱德华不得不花了12万英镑,这位皇帝才同意"拔刀相助"。所以,爱德华在1337年刚开始举兵时就已经花费了惊人的20万英镑,相当于他年收入的几倍。

1338年,法国洗劫了南安普敦;同年,海峡群岛中的根西岛(Guernsey)也被法国占领;第二年,法国袭击了从康沃尔到肯特的海岸、多佛和福克斯顿地区(Folkestone),将怀特岛的大部分地区化为焦土。1339年3月23日,为全面征服英格兰,腓力发布了一项实为作战计划的法令,然而他未能成功执行。其部分原因是出于对法国的恐惧和仇恨,英格兰人对这场战争极为热衷,贵族们也纷纷支持爱德华打仗,这些伯爵、主教和修道院院长人数达百人之众,力量不可小觑。[16]除此之外,英格兰人入侵法国的热情也很高。因为法国与苏格兰不同的一点就在于它的经济更加发达,到法国劫掠钱财的机会很大。

虽然大部分英格兰军事首领都是土地贵族,但仍有不少的"穷苦冒险家",他们"出身贫寒,没有遗产可继承,最后却在这场战事中大发横财"。[17]这场战争为许多出身卑微的人提供了出人头地的机会。他们中大多数人都作恶多端,以现在的标准来看,这些人其实都是战犯。其中包括来自德比郡的穷骑士约翰·钱多斯爵士(Sir John Chandos),以及来自诺福克郡一个中产阶级家庭的"勇敢的职业军人"托马斯·达格沃斯爵士(Sir Thomas Dagworth)。他们虽然出身卑贱,却都在战争中扮演了重要角色,最后却死在了战场上。这样出身卑微的还有约翰·霍克伍德(John

Hawkwood)。他原是一名埃塞克斯（Essex）制革匠的儿子，后来成为一支规模最大、战斗力最强的雇佣军的首领。[18]

爱德华的军队都是由封臣征召而来的，同时这些封臣通常都是具有军事经验的地方领主，他们负责从自己所在地区挑选士兵。自然，领主们挑选的大多是一些在当地游手好闲之人。据估计，爱德华的军队中12%的人都是不法分子，而只要参加战斗，大部分杀人犯就可以获得"特赦状"。最终，这些十四世纪二三十年代的恶人大多被赦免，甚至有些人还被封为骑士。

然而，爱德华刚刚开始进军低地国家，他的军费就已经枯竭。这无疑是一个糟糕的开始。他把资金短缺归咎于安特卫普的背叛，于是试图停发所有官员的薪水，直到官员们都声称如果国王坚持这样做的话他们就辞职回家，爱德华才放弃这一计划。其实资金问题根源在于爱德华自身，他"不太了解税收和信贷，同时又厌烦管理工作"。他所有的入侵都是在"无存粮，无预算，也无预测的情况下进行的"。[19]他不明白，仅凭一国之力是不能同时支撑在三个不同地区的战争开销的。尽管议会决定要针对新征税法案进行投票，但是当时的爱德华已经破产了。因为他已经支付不起之前承诺要给佛兰德人的钱，他就把怀孕的妻子菲利帕留在根特作为担保。在这期间，菲利帕产下一子，也就是著名的冈特的约翰（John of Gaunt）。就此，爱德华三世在1340年春对议会说，如果议会还是不增加税收的话，他将因欠钱不还而被佛兰德人监禁。对于英格兰王室乃至全国而言，这当然是件丢人之事。

1339年9月，爱德华三世率领着1.5万人到达法国，这支军队中包含了许多当时声名狼藉的德国和荷兰雇佣军。拥有3.5万人大军的腓力却没有露面，爱德华的军队于是叫嚷着要返回英格兰。其实这是法国早就想好的战术，他们猜测如此一来，很快耗尽军资的英格兰军队就会变得焦躁不安，最终只能离开。在此期间，爱德华写了多封侮辱性信件给腓力，在信中爱德华提出了要和腓力进行一对一的决斗。当然，47岁的腓力几乎不可能去和一位比他小20岁的爱德华决斗，或者，就算是要他们双方各自挑选100名精锐骑士来决斗，也几乎是不可能的。所以法国最终对爱德华的提议装聋作哑。

英法之间的第一场战役发生在佛兰德的斯鲁伊斯（Sluys），英格兰军队击败了规模是自己两倍的法国海军，法军死伤惨重。甚至有人称，如果海里的鱼会说话的话，它们应该也已经和死在海里的法国人学会了说法语。

斯鲁伊斯战役是法国官僚体制僵化的典型案例。当时法国海军由一名叫巴尔奈拉（Barbanera）或黑胡子（Blackbeard）的热那亚水手统领，他们还有一艘配有箭弩发射器的热那亚战舰。但是尽管法军有优势，法国人经常会因担心有悖于自己高贵的骑士精神而踯躅不前。黑胡子在做任何事情之前都必须征得休格斯·奎莱特（Hugues Quieret）和尼古拉斯·白雪特（Nicolas Behuchet）的同意，而这两个人没有任何海上作战经验，白雪特也只是个税务官。所以当爱德华到达时，法军还在原地停滞不前，最终陷入重围。明明实力更强大的法军只能坐以待毙。

法国共有213艘战船，而当天英格兰就摧毁、俘获了其中的190艘，大约有1.6万到1.8万名法国士兵及水手在这次战役中丧生，除此之外，所有的海军将领也都未能幸免。一位编年史家曾记录道："海中尸体遍布，那些没淹死的人根本无法分辨自己究竟是在水里还是在血里游泳。那些身穿重甲的骑士们则会直沉海底。"黑胡子看到战况如此惨烈，便带着他的手下逃走了。两名法军头领投降，奎莱特被当场斩首，几分钟后白雪特也被绞死，英格兰士兵将他们的尸首挂在战船上，用以挫败法军士气。

爱德华全程投身于激战之中，鲜血溅在他的白色皮靴上。战斗结束时，除了迪耶普的"圣雅克"号战船（Saint-Jacques）继续战斗到深夜外，其余30艘都逃跑了。最终，亨廷顿伯爵带领队伍将这艘船俘获时，在船上发现了400具尸体。

对英格兰人而言，最惨的一出悲剧则莫过于那次沉船事故。当时船上载着"许多伯爵夫人、骑士夫人以及其他贵妇，当时她们正在去根特拜见王后的路上"，但她们的船只被法军炮火击中，随即沉没。现在看起来颇为奇怪，但那时这些贵妇们也经常追随夫君观战助威，她们的"健康和安全"在当时并不算问题。

为了纪念这次战争的胜利，爱德华铸造了一种价值6先令8便士的特殊金币，金币上的爱德华头戴王冠，手持宝剑盾牌，伫立在船上，四周海浪汹涌。这种宣传在国内收到了很好的效果，以至于没有多少人去反思这场战争带来的恐怖与遗憾。[20]

后来，没有人愿意将法军的溃败告诉国王腓力，只有一个朝廷弄臣向腓力说起此事。

他说道："我们法国骑士可比英格兰骑士勇敢多了！""为什么呢？"国王问道。

"因为英格兰骑士就不敢身披重甲跳进海里。"

美丽的丝带

尽管英格兰在这次战争中取得了辉煌胜利，但在两年后法国人再次攻陷普利茅斯时，爱德华不得不丢下在法国的战事，因为当时的他已经没钱应付战争开销了。最后爱德华只能怒气冲冲地回国，他把这一切都归咎于大臣们没能为他筹出足够的资金，还就此指责约翰·斯塔福德（John Stratford），说他作为坎特伯雷大主教及首席大臣没有尽到应尽的职责。更为荒唐的是爱德华居然告诉教皇说，斯塔福德是想要国王战死于疆场，把王后占为己有，故意让国王没钱花。后来，斯塔福德害怕受到国王的处决，不得不到坎特伯雷大教堂避难。

1341年，爱德华已身无分文，无力偿还贷款。这些贷款还包括从佛罗伦萨银行家们手里借来的那18万英镑。由于爱德华拖欠本金7.7万英镑，佩鲁齐家族（Peruzzi family）

在1343年破产。次年,另一个银行家巨头——巴尔迪家族(Bardi family),也因此陷入困境。

然而不久之后,英格兰又出现了一位愤怒的贵族,他就是来自诺曼的骑士杰弗里·德哈考特(Geoffrey d'Harcourt)。由于法国国王把他的挚爱珍妮·培根(Jeanne Bacon)送给一位亲信成婚,所以他希望英格兰能够攻打法国。这位骑士是一位"反复无常的冒险家,一个妄想狂,就像阿图瓦的罗伯特"。[21]他极力劝说爱德华去攻打诺曼底,说从那里可以得到"极丰厚的战利品",并且"当地没有人会反抗"。

爱德华当然不能拒绝这个提议,于是1346年他带领着1.5万人前往了诺曼底,其中多是些流氓地痞。他们抵达卡昂(Caen),当地人们看到英格兰军队逼近都惊慌失措,纷纷逃跑。事后证明逃跑是种明智的做法。后来一些当地人从房顶上向入侵的英格兰人投掷滚木礌石,爱德华因此下令屠杀并焚毁了整座城镇。尽管德哈考特都劝他说这样可能有点过分了,但是最终还是有3000人丧生。

大约就是在这个时候,英语中又多了一个新词"plunder",该词出自意大利语,意为"劫掠"。卡昂惨遭洗劫之后,爱德华便"派出他的海军船队赶回英格兰,船上装有各类衣物、珠宝、金银器皿及各类其他财物,还有等待被赎回的六十多名法国骑士和三百名士兵"。一位名叫托马斯·沃尔辛厄姆(Thomas Walsingham)的编年史家在1348年时曾这样说道:"当时在英格兰,妇女们大多都拥有来自卡昂、加来或其他海外城镇的东西,比如衣服、鞋子、皮草或垫子,桌布和亚麻布更是家家户户随处可见。已婚妇女们更是经常戴着法国妇女的饰物。如果当时的法国女人在不断哀叹自己损失的话,那么英格兰女人则一定是在为自己的收获而欢欣鼓舞。"

对于法国人而言更加不幸的是,爱德华在卡昂发现了腓力1339年发布命令的文件,这使得他更加愤怒了。爱德华下令把这份法王计划入侵英格兰的命令抄写了多份分发给英格兰的所有教区并当众宣读,坎特伯雷大主教在圣保罗大教堂宣读,以此"唤醒民众"。为了推进战争宣传,爱德华甚至还雇用了一些多米尼加修道士,走乡串镇地解释战争爆发的原因,有些像14世纪版的"我们为何而战"。(答案很简单:为了抢法国人的桌布。)

当时,英格兰宫廷编年史学家是一位名叫佛罗依萨特的佛兰德诗人,1337年时出生于埃诺,他被称作"第一战地记者"。可是佛罗依萨特却以向爱德华三世谄媚的方式著史。

摧毁卡昂之后,英格兰人还是选择用最喜欢的"长途奔袭"的战术,直击巴黎。这是一个表面漂亮的战术,但实际上却是一场烧杀抢掠的祸乱。[22] "Chevauchée"这个词本身是指骑马游玩,但那时却成了"所到之处烧杀抢掠,无恶不作,最终引发当地领主暴力反抗"的代名词。后来爱德华给他的长子——黑太子爱德华写信道:"我们已经焚毁了这个国家方圆12里格到14里格①的土地。"除此之外他还说道:"这些地方已是废墟一片。没有剩下任何粮食和牲畜。"他的口气像是在做好事,像在汇报进度一般,而非在哀叹战争的残酷。他还提到佛兰德的康布雷(Cambrai)也已经是"一片荒芜了。嗯,非常好"。(然而他也有一定限制,他下令不能袭击教堂,还绞死了20名在博韦的一处教堂放火的士兵。)

英格兰骑士杰弗里斯克罗普爵士(Sir Geoffrey Scrope)曾把一位法国红衣大主教"带上一座高大的塔楼,让他观看环绕巴黎方圆15英里的城郊火光一片"。[23]于是他问主教:"阁下,您看出这巴黎四周美丽的丝带(指战场上的浓烟)有破损之处吗?"那位主教听后颓然倒地。

占领卡昂之后,爱德华又率领8000人的军队,其中一半是弓箭手,穿过诺曼底,直逼巴黎。在巴黎北部,他们与佛兰德盟军会合。法国国王则穿过索姆河去追赶他们。终于,1346年8月13日这一天,双方在克雷西(Crecy-en-Ponthieu)遭遇,英格兰大获全胜,这可能是英格兰历史上最伟大的胜利。

---

① 里格(league),一种长度单位,1里格大约是3公里。——译者注

ENGLAND IN THE AGE OF CHIVALRY... AND AWFUL DISEASES

第6章
克雷西战役

The Hundred Years' War and Black Death

加来

早在50年前英格兰打败威尔士时,他们就对骁勇的威尔士人印象深刻,并随后把他们招募进军队。然而,比起威尔士士兵,威尔士人发明的长弓更令他们吃惊,因为这些长弓给法国骑兵造成了毁灭性的打击。

十字弓于12世纪首次引入,是当时最先进的,也是当时非常可怕的武器,以至于教会曾试图禁止使用它。然而,尽管长弓这种新型武器看起来很原始,但与每分钟只能射出4支箭的十字弓相比,它每分钟可以射出多达12支铁头箭。这种长弓的射程为150码(而在60码处,它们就可以穿透板甲),杀伤力极大。克雷西会战刚开始一分钟,盎格鲁-威尔士弓箭手就发射了7万支箭,每个弓箭手在第一支箭落地前就已经射出第6支箭了。

熟练使用长弓需要多年的训练,这通常会引发慢性脊椎疾病。自从爱德华一世执政以来,长弓训练一直都是强制性的,"法律规定每个庄稼汉都要在周日练习拉弓射箭"。

长腿爱德华还禁止人们踢足球，以避免从长弓训练中分心，再者与足球运动有关的街头暴力也令官府感到头疼。几个世纪以来，英格兰人生活中存在两个常态，一个是酗酒，另一个就是足球比赛现场一定会发生群殴事件，并且还伴随着酗酒。而此时，法国却禁止人们持有武器，因为贵族们会因此感到不安。对于他们而言，比起可怕的英格兰人，他们还是更害怕以及鄙视自己国内的农民。

1369年颁布的一项法案还进一步禁止人们玩曲棍球、手球、斗鸡以及"其他此类无聊的游戏"，否则将面临监禁。而另一项法律则规定，如果弓箭手在练习时杀了人，则不应视为犯罪。年轻人随身携带有锋利的箭头的铁箭到处嬉戏，这些箭头能够穿透4英寸厚的橡木门，并且当时平均每人每天要喝8品脱啤酒。还不会出什么乱子吗？

弓箭手的收入很高，尤其是弓骑兵，一天能挣6便士，和那些技艺高超的工匠一样多；步弓手能挣3便士，这和农民的收入差不多，农民每天能挣2便士。爱德华三世在苏格兰战场首次派出弓骑兵，实际上，他们骑马时并不射箭。200名身强力壮的柴郡人组成了皇家卫队，身着绿白相间的制服。1346年，长弓标准化了，每个弓箭手携带24支箭，并配有更多补给。

长弓在很大程度上破坏了阶级制度，因为弓箭手比骑士杀伤力更大，而骑士由于成本高昂，一直只属于上层阶级。14世纪时，板甲——一种全套盔甲，传统漫画里贵族豪宅中的必备物件——取代了链甲，因为链甲对于刀剑的正面攻击毫无用处。板甲非常沉重，穿上后使人透不过气来，正如一名退伍军人描述的那样，自己就像"一条包裹在铁茧里的悲催的虫子"，人们经常会因为身着板甲走动而心脏病发作。尽管马匹的开销是最大的，但这种板甲也同样价格昂贵。

"重骑兵"一词指的是方旗骑士、下级勋位骑士和从骑士，他们能负担得起两名武装贴身男仆和三匹马（一匹战马、一匹驮马和一匹在战场之外骑的廉价马）的费用。这是一笔不小的开销，因为在当时一匹体型高大的战马的花费多达200英镑（这样就可以训练出一匹能够撕咬敌人的马了）。

战争中还首次使用了火器，尽管火器在战争快要结束时才开始起作用。1345年，爱德华下令建造了100门管炮，能高速发射12个金属球，尽管"它们会产生大量的噪音、火焰和刺鼻的黑烟"，但"这些武器通常不能置敌人于死地，反而是对炮手本人有致命威胁"。[1]

法国和英格兰士兵经常使用的武器是一种被称为"仁慈杀手"的匕首，这种匕首通常用来杀死那些受了致命重伤的人；士兵们右手边佩带匕首，左手边佩带长剑，而威尔士步兵将长刀戴在腰带后面，一些历史学家认为，这进一步证明了"英格兰人有尾巴"这一由来已久的传说。

克雷西战场上，法军拥有1.5万名热那亚弩手、2万名重骑兵、数千名骑士和众多的农夫，军队数量远远超过了英格兰。英格兰除了4000名弓箭手之外，只有2000名步兵和1500

名大刀兵。然而,法国军队直到下午4点才到达战场,这时阳光开始直射他们的眼睛;长途跋涉之后,他们身体疲惫,弓弦也被暴风雨打湿了,而英格兰人和威尔士人则把弓弦卷起来放进头盔保护起来。如果法国人当时能够等到第二天早上的话,他们很可能会赢得胜利。

由于担心双方会因为只紧盯着那些可换来赎金的大人物而战斗分心,法国人一开始就展开了红色王旗,表示不会扣押战俘。英格兰国王也照做不误。

然而,随着英格兰军队的一阵箭雨,热那亚的弩手们很快就逃跑了。在英军的三次英勇进攻之后,法国人陷入了泥沼,箭如雨般落下,他们却束手无策。天黑后,威尔士大刀兵被派去潜入敌人的马下,将马匹开膛破肚,紧接着被杀的就是坐在马上面的法国人。

当时,爱德华国王还不到35岁,在今天看来,很多处在这个年龄段的男人都还算是青年。与他并肩作战的是他16岁的儿子伍德斯托克的爱德华(Edward of Woodstock),他因为身披独特的黑色盔甲,而被称为黑太子。[2]在战斗中,黑太子被撞倒在地,困在他的铠甲中动弹不得,这时,旗手理查·德·博蒙特(Richard de Beaumont)用威尔士旗盖住了他,并且一直英勇地保护着他,直到他重新站起来。尽管佛罗依萨特记录过这样一个故事,说爱德华曾拒绝帮助他的儿子,并说"上帝啊,请赐福于我儿,让其凭己之力获得荣耀吧"。但是还存在另外一种更加可信的说法,同时代的杰弗里·勒·贝克（Geoffrey le Bake）曾记录到，当时国王派了20名骑士去解救他的儿子。

一天结束后，法军有1500名贵族和1万名正规军阵亡。50岁的波希米亚国王约翰也在这场战争中丧生。之前尽管他双目失明，但仍要参战。他手下的12名精兵决定将他们的马匹绑在一起，这样他们就可以带领他们的国王投入战斗。不出所料，最终只有两人生还——"第二天发现在国王尸首的周围马还拴在一起"。

约翰国王在立陶宛的十字军东征时失明，他也是这次战争中颇有传奇色彩的人物之一。用一位作家的话说，他"喜欢为战而战，而并不在乎战争是否有必要"，在战争间隔期他也会参加骑士比武大会。[3]尽管很有可能是因感染导致了失明，但他的臣民们认为，他是由于想得到藏在布拉格大教堂的宝藏，在挖掘圣阿德尔伯特（Saint Adelbert）坟墓后被打瞎的。

传说黑太子对约翰国王这种英勇又愚蠢的高贵行为印象深刻，便把约翰带有三根鸵鸟羽毛的纹章以及上面写有"我侍奉上帝"（I Serve）的格言全盘接受，直到今天它仍然是威尔士亲王的纹章。遗憾的是，没有证据能证明这一传说的真实性。

即使不是受到天气的影响，法国人也还是失败了，因为他们太喜欢炫耀，好像这就是骑士精神的唯一目标；他们很少思考实际的战术，混乱的骑兵队伍在训练有素的弓箭手面前不堪一击。骑士精神的理想变得华而不实,全然没有后来维多利亚时代的谦逊和低调,当时的风尚也反映了这一点,当时,骑士们过长的尖头鞋必须绑在小腿上才能走路。乔叟嘲笑了男性裤子裆部夸张的遮布和他们对其的炫耀,因为这看起来好像得了疝气一样。

腓力的弟弟查理也是遇难者之一。当天傍晚,腓力逃离了现场,找到一所房子,他让屋里的人给"不幸的法国国王"开门,这个说法其实是对其绰号"幸运王"的反讽。

在欧洲,大炮和火药在克雷西战场上首次被使用,当时,法国人从意大利买来这些武器。而就世界范围来看,大炮和火药最早是由中国人在8世纪时开始使用的,当时它们将改变中世纪的欧洲及其以城堡为基础的封建制度。坚不可摧的堡垒可以抵御叛乱和入侵,但对大炮和火药却无能为力。

大约在同一时间,英格兰人在达勒姆郡的内维尔十字战役(Battle of Neville's Cross)中打败了苏格兰人,这是因为苏格兰国王大卫二世的错误入侵注定其一败涂地。大卫在伦敦塔被关了9年,更糟糕的是,英格兰人还收回了"苏格兰的黑十字架",据说这是一个装在黑色箱子里的基督十字架。约翰·德·科普兰(John de Coupland)俘获了大卫国王,因此他每年都会得到500英镑的奖励,但后来邻居出于嫉妒杀害了他。

爱德华还是没能征服巴黎,于是他绕过巴黎,来到加来,并派3万人包围了这里。法国人曾把加来作为袭击英格兰羊毛船的基地。加来陷入饥荒之后,500名老弱病残者被放出城来,但爱德华拒绝让他们通过封锁线,他们只能悲惨地死去。然后,爱德华要求所有人投降,而腓力则逃之夭夭,弃这座城市于不顾。他的军队撤离时,城里的人已经对法王深恶痛绝,他们拆下其纹章并抛出城墙之外。

一位市民领袖说他要投降,爱德华回答说,他们只能像在战场上一样被赎回或杀死,但是一位英格兰骑士说服国王只处死6位高贵市民,其他人则可饶恕。有6个人自告奋勇,光着上身,脖子上套着绞索圈,从城里走了出来。这一切看起来非常感人,爱德华最终还是被妻子说服了,饶恕了他们,让这6个人屈辱地活着。[4]菲莉帕王后为加来义民向爱德华求情成了一个经典主题,首先出现在本杰明·韦斯特的一幅画中,然后出现在罗丹为加来创作的《加来义民》雕塑中,这座雕塑在世界各地有12件复制品,其中一件置于威斯敏斯特(根据法国法律,罗丹死后,《加来义民》最多只能有12件复制品)。[5]

爱德华占领加来后,给每一个居民一顿饱餐后将他们驱逐,从而建立了英格兰殖民地。现如今,当时英格兰的这种行为被称作是一种种族清洗政策。在接下来的两百年里,加来一直是英格兰一个相当特殊的前哨基地,英格兰为保留它花销很大。

有一次英格兰差点就失去了这座城市。当时,他们让一位意大利冒险家负责看守此地,1349年12月,法国人贿赂了这位新长官为他们打开了城门——如果连诚实的意大利冒险家都不可信，那还能信任谁呢？不幸的是，这些法国人还是被骗了。法国将领走进来之后大门就在他们身后关上了。新年前夜，英格兰国王亲自请这些法国俘虏吃晚饭，国王当时"除了戴着一顶漂亮的镶满珠宝的王冠外，头上没有其他饰物"。

嘉德勋章

占领加来后，爱德华就开始了他的比武大会，并在比赛中光耀夺目，受到公众的追捧。这位国王十分喜欢这样大出风头的活动，因为他可以以此为理由将自己装扮得威风凛凛；前一年，他穿着一套"充满异域风情的绿色皮装，参加了一场比武大会和当年的宫廷圣诞庆典"。[6]

为了纪念他的伟大胜利，爱德华于1348年4月23日——圣乔治节这一天设立了一项制度。有一种说法是，嘉德勋章（The Order of Garter）最初源自爱德华和一些比他年长的心腹之间开的一个玩笑，而使用"袜带"（garter）一词可能是一种轻松的并带有性暗示的幽默，暗示着他们年轻时的狂野和放荡不羁。对于30多岁的他们而言，设立这一制度很可能是中年危机的第一个表现。这项制度的设立也受到了亚瑟王传奇的影响，当时这个传奇正广为流传，于是24位嘉德骑士组成了爱德华自己的圆桌会议。

这要从肯特的埃尔特姆宫说起，国王当时经常在那里举行舞会，爱德华与索尔兹伯里伯爵夫人（Countess of

Salisbury）琼安（Joan）关系亲密。据说，琼安是她那个时代最美丽的人。他们可能是情人关系，尽管她还成了他未来的儿媳妇。颇具讽刺意味的是，这位"最多情"的女人却以"肯特的少女"著称。跳舞的时候，伯爵夫人的吊袜带从腿上滑落，露出了她的长筒袜，满屋子的男人发出一阵窃笑。爱德华捡起她的袜带绑在自己的腿上，镇静威严地说道："心生邪念者可耻！"如今，这句话仍是骑士制度的格言，并出现在王室纹章上以及伦敦《泰晤士报》报头上。

诚然，爱德华迷恋女色，但是，他与埃诺的菲利帕的婚姻还是很美满的，他们育有五个儿子和三个女儿，并都长大成人。爱德华甚至允许他的长子自己选择妻子，这在当时是很难得的，其他孩子则需要帮助他与贵族家庭结成联盟。然而这样一来，未来发生冲突的可能性也增多了，毕竟很多主要家族都拥有了继承王位的资格。

实际上，嘉德勋位是一种精英管理模式。将原本不属于真正精英阶层的人培养起来，以便在不给他们土地或头衔的情况下让他们发挥作用；罗杰·莫蒂默是爱德华最初提名骑士团成员之一，他就是爱德华在泰伯恩刑场杀掉的那个人的孙子，他的土地和荣誉在克雷西战役结束后得以恢复。［在最初的24个嘉德勋位成员中，有20人参加过战斗，另外两个可能也参加过战斗，这其中包括桑切特·德埃伯里切科特爵士（Sachet d'Abrichecourt）。］

另一种说法是，爱德华三世的堂兄、爱德华二世的宿敌的侄子兰开斯特公爵［格罗斯蒙特的亨利（Henry of Grosmont）］提出了设立嘉德勋章的建议。他被称为"超级战神"（Father of Soldiers），因为在45年里他没有错过一场战斗；甚至在没有英格兰参战的时候，兰开斯特公爵也在欧洲四处寻找有仗可打的地方。在1343年阿尔赫西拉斯（Algeciras）围攻时，他与卡斯提尔的阿方索（Alfonso of Castile）为伍与摩尔人作战，并在普鲁士反对异教徒的十字军东征中与日耳曼骑士一起作战。在西班牙时，兰开斯特公爵看到了卡斯蒂利亚的绶带骑士团勋章后大受启发并把这个想法带了回去。后来，法国约翰国王受到嘉德勋章的启发，成立了他的星章骑士团。

1352年，兰开斯特公爵从普鲁士回国后，与布伦瑞克的奥托公爵（Duke Otto of Brunswick）进行比武，他骑马进入巴黎的宫廷，并受到法国贵族的热烈欢迎。尽管发生了战争等事，贵族们还是喜欢炫耀一番。他的对手"在战马上抖作一团，无法戴上头盔，也无法挥动长矛，不得不被他的朋友们带走并收回自己的挑战"。[7]赛后，兰开斯特公爵获得了一份大奖，但是他只要了法王手里的文物——"救世主的王冠"上的一根荆棘刺，他回到家把这根刺放置在兰开斯特的教堂里。[8]

兰开斯特公爵在战场上声名显赫，1351年被授予公爵爵位。他用从法国掠夺来的全部财物在斯特兰德河畔修建了萨沃伊宫（Savoy Palace），就是如今著名的萨沃伊酒店所在地。

骑士比武在当时非常流行，战争期间，对立双方有时会进行比武大会。1327年，英格兰人和苏格兰人就在阿因维克（Alnwick）进行了比武。克雷西战役期间，一名法国骑士为了表达对"他心爱女子的爱"，向任何前来的人都发起三场比武的挑战。一位英格兰人——托马斯·科尔维尔爵士（Sir Thomas Colville）走上前来应战；他们比斗了两场，但第三场不得不放弃。

就在嘉德勋位设立的同一年，国王还选择圣乔治作为英格兰的守护圣人，这意味着这位既是外来的又原本不知名的圣徒的影响力越来越大了。根据传统说法，圣乔治曾是一名古罗马士兵，在4世纪戴克里先大迫害期间殉难于利比亚或是巴勒斯坦，尽管天主教会认为他的行为"只有上帝知道"。[9] 十字军东征期间，在1098年围攻安提阿（Antioch）时，英格兰人认为是圣乔治在保佑他们取得胜利，从此圣乔治被西方士兵视为守护圣人，英格兰军队作战时便开始带着白底红十字的"圣乔治旗"。

随着崇拜日益狂热，乔治遭受酷刑殉难的方式变得非常夸张，以至于后来的传说故事发展成为他得以复活，再度遭受折磨致死。另一种说法是，他饱受7年苦难后才殉难。乔治也经历了英格兰化的过程，所以到了14世纪，他被说成是来自西米德兰兹郡的考文垂。

从14世纪到17世纪，4月23日是英格兰的一个重要日子，但当时的宗教改革使得这样的宗教节日并不受欢迎；

1996年欧洲足球锦标赛之后，它又重新流行起来，如今，它大多体现在关于英格兰民族身份认同的专题评论中。乔治也是德国、匈牙利、立陶宛、亚美尼亚、埃塞俄比亚、加泰罗尼亚等国的守护圣人，是农民、屠夫的守护神，还可以"祛除皮肤病和瘟疫"。与此同时，像忏悔者爱德华、奥尔本和埃德蒙这样的本土圣徒的重要性都有所下降，奥尔本和埃德蒙则变成了两座睡城（居民大都白天在城外上班，晚上回城睡觉）的名字。

　　骑士精神并非一直魅力无穷，但如今，骑士精神甚至可以指代现代中产阶级献身公共服务事业的精神。到13世纪20年代，郡骑士和专业律师一起被任命为法官，负责把犯人投入监狱，到了爱德华三世统治时期，许多骑士成为治安法官和地方治安官，放到现在，他们要处理的就是青少年犯罪等问题。法官们要定期参加"季审法庭"（按季开审的法庭），这一制度一直持续到20世纪70年代，随着中上层阶级从武士演变为律师，它也成了地方行政和司法的基础。时至今日，嘉德骑士团仍由君主和24名骑士组成，每年6月的第3个星期，他们都会举行一个奢华的仪式，所有人都穿着古色古香的服装，但已没有以前那么浓重的军事色彩。前保险经纪人大卫·布鲁尔（David Brewer）在2016年成为第1008名嘉德骑士。

ENGLAND IN THE AGE OF CHIVALRY... AND AWFUL DISEASES

第7章
瘟疫

The Hundred Years' War and Black Death

神秘的疾病

在克雷西战役中最先使用的火枪是从意大利传入的,意大利的技术和文化远比法国和英格兰先进,并且已经显现出14世纪文化大繁荣的迹象。1305年,乔托在帕多瓦为斯克罗威尼附属教堂作画;住在佛罗伦萨的但丁,于1320年完成了他的《神曲》;而在1345年,人文主义先驱彼特拉克发现了西塞罗的书信,人们通常认为这一事件是15世纪文艺复兴的开端。

虽然佛罗伦萨是文艺复兴的中心,但意大利最强大的城邦是威尼斯和热那亚,它们通过与东方的贸易交往积累了财富。黑海的卡法(Caffa)是热那亚众多的贸易殖民地之一。1346年,卡法曾遭到蛮族的攻击,他们曾经对东欧造成过威胁。

在围攻卡法期间,蛮族士兵纷纷染上一种神秘的疾病,他们开始咳血,腹股沟长出令人作呕的脓疮,最后痛苦地死去。这种疾病很快夺去了众多士兵的生命,死亡人数令人难以置信，通常的说法是8.5万人。这种怪病让蛮族人"大伤元气，并无比恐惧"，[1]他们停止了攻城，但为了挫败敌人的士气，他们将感染者的尸体弹射过城墙，并没有意识到他们开创了早期"生物战"的先例。随后热那亚人把尸体扔进海里，但为时已晚，很快一场瘟疫蔓延开来。他们意识到自己处于弱势，如果蛮族人再次发起袭击，他们将必死无疑。在这种情况下他们乘船返回意大利。对此，国内那些准备迎接他们的人不知灾难即将来临。

基督教徒第一次听说有一种新的致命疾病正在中东肆虐时，他们认为这是"神"对土耳其人和撒拉逊人占领基督教土地的惩罚。然而，这种相信天助的信心并没有持续太久，在卡法围攻发生一年后，身处伦敦的意大利人第一次听到传言，说回到家乡的人大量死亡。自从有城市建成以来，各种各样的瘟疫一直存在于人类的生活中，在过去的7个世纪里，已经发生了70次严重的瘟疫。早期瘟疫包括公元前5世纪爆发的雅典瘟疫，以及公元6世纪的查士丁尼瘟疫。但这种"新瘟疫"的可怕程度堪称空前绝后。

在瘟疫到来之前，意大利就已经经历了一系列的灾难，所以即使没有瘟疫，这也将是一段异常可怕的时期。这段严峻时期，那不勒斯、罗马、比萨、博洛尼亚、帕多瓦和威尼斯都发生了地震；从1345年7月开始，连续6个月的降雨摧毁了农作物，接着就在1346年和1347年发生了饥荒。除此之外，大批银行纷纷倒闭，许多城市出现了工人暴动，1348年

1月发生的一场大地震更是摧毁了大片村庄。

1347年以后，国外发生的越来越多的可怕事件在英格兰流传开来；与波尔多进行贸易的商人听说，法国已经受到了感染。第二年夏天，1348年的6月23日，迎来了一年一度的圣约翰节前夜。人们往往把这个节日视为卖弄风情和结婚生子的好日子。一年中未婚女性唯独在这天可以不怕伤风败俗地与男人纵情跳舞。1348年圣约翰节前这一天，一艘携带病毒的船出现在多塞特郡（Dorset）的梅尔科姆（Melcombe）。这使得在接下来的十年里，英格兰的人口减少了三分之一乃至一半。

飘荡的幽灵

这种可怕疾病的第一个征兆是口臭，尽管在当时口腔卫生标准的要求并不是很高。接着，感染者的腋下和腹股沟会长许多黑色的肿块，然后就发烧病倒了。大多数患者会遭受四五天的剧痛，之后大概60%到90%的患者会死亡。

对于当时医学知识有限的人来说，让他们备感困惑的是，这种疾病有三种不同的形式，每种形式虽然略有不同，但都非常可怕。最常见的一种是染上后，颈部、腋窝和腹股沟会出现苹果大小的肿块，这些肿块是发炎的淋巴结，即腹股沟腺炎症状，病人在出现这些症状之后，一周之内就会死去。这种病通过跳蚤叮咬传播。第二种是肺炎，通过空气传播，呼吸道感染，传染性更强，接触者在48小时内就会死亡；某地的肺鼠疫患者平均只能活1.8天。最后一种是败血症，在第一种病和肺鼠疫感染血液并导致内出血的时候发病。败血病会导致全身出现黑斑，称为"神的印记"，而且死亡速度更快，通常在数小时内，不过这种情况并不常见。佛罗伦萨诗人薄伽丘曾写道："多少勇敢的男人，多少美丽的女士，多少英勇的年轻人，无论被神医盖伦，还是希波克拉底或医神埃斯科拉庇俄斯宣布身体有多健康的人，早晨才与亲人、朋友、同伴一起吃过早餐，到了晚上，他们就去了另一个世界与祖先共进晚餐！"科维诺的西蒙（Simon of Covino）写道，牧师"在进行精神援助时感染瘟疫；而且，经常只通过一次触摸，或是患者的一次呼吸就被感染，甚至先于他要帮助的病人死去"。

这种疾病还会引发神经系统中毒，进一步导致抑郁和精神错乱，这好像增加了一种世界末日的气氛。作家菲利普·齐格勒（Philip Ziegler）曾这样说："在普罗旺斯，一名男子爬上自家屋顶，把瓦片扔到大街上，另一个人则在屋顶上表演了疯狂怪诞的舞蹈。"[2]

感染者的血液又黑又稠，有时"绿色的脓水会渗出"皮肤表面，这通常意味着死亡将近："身体排出的一切，呼吸、汗水、肺和脓疮里流出的血水、血尿和血便中流出的东西都散发出恶臭"，不一会儿，人就断了气。[3]

一位不幸生活在当时的爱尔兰修士写道："许多人死于腿上和腋下的脓疮。有些人会因为头部疼痛而发疯，有些人则会吐血。"

1349年，瘟疫以平均每天一英里的速度在英格兰蔓延，死亡率在部分地区达到了灾难性水平。例如，达勒姆的贾罗（Jarrow），人口减少了80%，但这还不是最糟糕的情况。据记载，在韦克菲尔德采邑，谢菲尔德村无人幸免，全部丧生，而据报道，在1359年，蒂拉格利的恩舍姆采邑（Eynsham's manor of Tilgarsely）的修道院院长无法在村里征税，因为自1350年以来庄园就空无一人，而在此之前，这个定居点并不算小，也不算贫穷。在牛津郡的库克瑟姆（Cuxham），1349年时每12个佃农里就有1个会死亡，同样8个乡下人里就有4个会死亡。在温切斯特，有6个教区的教堂被废弃。瘟疫导致了幽灵村庄的出现——英格兰大约有3000个——尽管许多村庄的废弃不仅是因为疾病的侵袭：一些农民为了更好的收入而搬去别处，而有些村庄在无利可图的人被羊取代之后被废弃。

一时间教堂的墓地葬不下这么多人，于是人们挖了巨大的瘟疫填埋坑；[4]有时会把将死之人和死者一起扔进去，于是可以看到尸体堆因将死之人的抽动而蠕动。在没有足够的生者来埋葬死者的情况下，不得不进行大规模的集体葬礼，而许多人也选择了抛弃尸体或者他们濒临死亡的家庭成员，因为人们实在是太害怕这种疾病了。

在1348年到1349年之间，伦敦的5万人口中有一半的人死于这场疾病，而巴黎的15万人中也有8万人因此而去世。

如果一个村庄被感染,就会有一面黑色的旗帜在该教区的教堂上空飘扬,而且由于教堂墓地里经常会有很多尸体,从很远的地方就能闻到恶臭。人们将这场瘟疫比作"黑烟"或"飘荡的幽灵",[5]许多人认为这是世界末日。

民众要求爱德华国王留在伦敦城以鼓舞士气;他的确切回答未被记录下来,但其大意是"你们都给我闭嘴"。然而,就连王室也受到了这种疾病的影响:国王的女儿乔安要嫁给残忍的佩德罗(Pedro the Cruel),在前往卡斯提尔完婚的途中,她也死于这种瘟疫。后来佩德罗谋杀了自己的妻子,或许乔安之死也恰好避开了那把可能砍向她的屠刀。

1348年9月,由于急需"神"的帮助,国王写信给坎特伯雷大主教约翰·斯塔福德,请求他举行一些特殊的全国性祈祷。不幸的是,大主教在他来信的前一周就已经死于瘟疫了。他的继任者约翰·德·厄福德(John de Ufford)只任职了6个月,便死于瘟疫;在他之后是托马斯·布拉瓦丁(Thomas Brawardine),也在染病6周后去世。

然而,对于极少数人来说,瘟疫是一种"幸运"。在牛津郡的恩舍姆修道院,修道院院长尼古拉斯因为一些未记录的不法行为被剥夺了职位。主教吉内韦尔(Bishop Gynewell)让两名管理人员在找到继任修道院院长之前暂时管理修道院,但他们很快都去世了,所以后来便由来传达消息的两名僧侣接替两人暂时管理修道院。然而,这两个人在到达修道院之前也死去了,于是尼古拉斯重新当上了修道院院长。

苏格兰人嘲笑这种疾病为"英格兰的肮脏死亡……上帝对英格兰人的审判",看到邻国日渐衰弱,于是他们决定在1349年发起入侵。但是结果可想而知,苏格兰军队聚集在塞尔扣克(Selkirk)之后,他们"嘲笑他们的敌人",然而正要越过边境时,"可怕的死神降临在他们身上,苏格兰人被突如其来的死神驱散,在很短的时间内,大约有5000人丧生"。[6]士兵们返回家乡,有些人死在路上,回到家的人也把疾病传染给了自己的家人,他们哀叹着"让英格兰人遭瘟疫吧"这个"诅咒"也应验到了自己身上。

在爱尔兰,基尔肯尼(Kilkenny)的约翰·克林神父(Friar John Clyn)悲观地描述道:"生活在死人中间等待死亡。我已经承诺要把我真正听到和看到的东西写下来,为了不让记录和作者一起消失,我留下了羊皮纸,以备哪个幸存者可能愿意继续做我已经开始的工作。"不久后他就死了,看来他的悲观是有道理的。

同样的事也在欧洲各地发生,意大利受到的影响最严重,大约损失了三分之二的人口。葛拉多(Gherado)是著名诗人彼特拉克的兄弟,他是瘟疫爆发时卡尔萨斯修道院的36名成员之一,也是后来唯一活着离开的成员。他每天要埋葬多达三名僧侣同伴,"直到只剩下他和他的狗,之后便急惶惶逃离修道院,去寻找一个可以收留他的地方"。

由于受到瘟疫的影响,当时看起来已经相当壮观的锡耶纳大教堂,原本会是世界上最大的教堂,但最终也没能完工。佛罗伦萨受影响最为严重，有超过一半的人口丧生；当地一位伟大历史学家乔万尼·维拉尼（Giovannni Villani），一句话刚写一半就去世了——去世前他写道"在这场瘟疫中，末日来临"，然后就撒手人寰。

同一时期还发生了一些其他重大灾难，这些灾难使得当时的人们更加坚信，一定是有一位"神"厌恶人类而发怒。一股巨浪摧毁了塞浦路斯的大部分地区，尽管人们努力想要逃到山上，但"一股散发着剧毒气味的瘟疫风吹来，人们无法忍受，纷纷倒下，并在可怕的痛苦中死去"。[7]

在欧洲某些地区，比如杜布罗夫尼克旧城（Dubrovnik），狼群走进城镇，大摇大摆地吃掉尸体；在另一些地方，动物们会因害怕瘟疫传染而避开人类。

英格兰人把病毒也带到了斯堪的纳维亚。1349年5月一艘船把病毒带到了挪威，当时这些从国外来的一些乘客已经生病了，还没等到靠岸，船上的人就全部死去了。这艘空船漂向卑尔根市（Bergen），就像韦纳·荷索电影里的一幕，毫无防备的当地人上船之后才意识到是什么杀死了船上所有的人。[8]一些瑞典人逃离文明社会，想要在一个叫作图塞达尔（Tusededal）的地方建造一个山区避难所，但瘟疫接踵而至，最后只有一个女孩幸存了下来。这个女孩在多年后才被发现，当时她已经害怕与人类接触了。她被赐名为瑞普（Rype），又名"野鸟"，最终她得以回归正常生活并且结婚；事实上，几个世纪后，她的家族——瑞普家族，在这个地区仍然拥有大量土地。

教皇自1309年就一直待在阿维尼翁（Avignon）。一个墓地在6周内接收了1.1万具尸体，死亡人数如此之多，以至于教皇下令给罗纳河祝圣，这样人们就可以把尸体直接扔进去，而不用担心他们的灵魂受到责难。

并非每个地区都遭受了同样的苦难；波希米亚和波兰几乎完全没有受到影响，其中部分原因是因为波兰国王关闭了边境，但同时也和欧洲的那部分地区人迹罕至有关。米兰的死亡率也远低于大多数城市，因为其异常残忍的统治者卢齐诺·维斯康蒂（Luchino Visconti，后来被他的妻子毒死）采取了极为冷酷又有效的措施：最初发现感染瘟疫的3所房屋住户都被围墙隔离起来，然后任其死亡。米兰公爵还下令，任何将瘟疫带入城的人都要判处死刑，虽然这似乎有些不必要（感染者早已死亡）；感染瘟疫的人则会被带出城市，在田野里生死由命。与此同时，在威尼斯，政府则严令禁止乞丐在街道上摆放尸体，虽然"这是他们惯用的乞讨手段"。

一般来说，城市的人口死亡率更高，这一方面是由于城市里的人互相接触更多，再者，城市里的环境也更差。自诺曼征服以来，英格兰的人口增长了两倍，这导致城镇变得肮脏又拥挤，到处都是老鼠喜欢的草木结构建筑。正如一位作者所说："中世纪的房子可能是按照啮齿类动物委员会批准的规格建造的，非常适合老鼠享受健康和无忧无虑的生活。"[9]

大多时候城市真的很令人恶心。1307年，威斯敏斯特宫有一根管子将废弃物排入下水道，但这可能是仅有的一根，因为其余大多数排泄物都被倒进沟里或干脆直接排放到大街上。弗利特河是泰晤士河的一条支流，位于伦敦西部，它就经常被来自11个厕所和3个下水道的污物堵塞，并且由于污物淤积，部分河道已经完全无法流动。在伦敦，清洁工偶尔会把城市的垃圾扔进城外的大坑里或者河里，这就算是环境卫生方面的最大努力了。除此之外，街道上还是到处都是腐烂的动物头、内脏和死鱼。

伦敦的卫生令人作呕，人们会在邻居毫不知情的情况下，把垃圾排入对方的废弃地窖，这情形就和1347年发现的《排除妨害法令》（Assize of Nuisances）中描述一个地窖污水汩溢的情况一样；他们也会在自家院子里挖坑，自己建造厕所。一个生活在14世纪名叫罗杰的伦敦人就经常这样做。直到后来坑满了，地板也开始跟着腐烂，有一次他不幸从腐烂的地板上掉了进去，最终淹死在了自己的粪便中。也许他从未料到自己会这样死去。生活污水和饮用水往往距离较近，显然这会带来糟糕的后果，制革和染色废水也同样会进入供水系统。难怪人们会选择用喝酒来代替喝水。

1300年，爱德华一世曾命令牛津市民清理他们的城镇，因为他抱怨说："空气如此污浊不堪，难怪牛津的大师和学者们大加抱怨。"他的孙子则在伦敦推行有关卫生的规定，限制城市的某些活动，并禁止在骑士桥等闹市地区进行买卖活动。规定初显成效：伦敦和其他几个城市都建了公共厕所，伦敦、埃克塞特、南安普敦和布里斯托尔也安装了饮水管道。

当时人们的健康状况并不好。许多人都患有皮肤病，眼睛感染也很常见；动物和人住在一起，人们也很少洗衣服。伦敦瘟疫感染者的遗骸显示，许多人营养不良，约六分之一的人患有由缺乏维生素引起的骨骼疾病——由于人口增多，这个问题在前几个世纪开始加剧。

在整个西欧，以前人口激增的情况现在已经被逆转，许多地区的人口几个世纪后才恢复到瘟疫前的水平。[10]几个世纪后，就在英国作家、艺术史学家肯尼斯·克拉克（Kenneth Clark）去西恩纳（Sienna）拍摄BBC2台的系列节目《文明》时，当地的两个人都告诉他，那里的人口数量至今仍低于瘟疫前的水平。

荒唐的归因

1348年10月，法国国王向巴黎大学的著名学者咨询瘟疫的病因。学者们穷尽其所有知识、智慧和研究成果后，最终得出的结论是这一切都归结于1345年3月20日发生的"土星、木星和火星在水瓶座40度的二重合相"，因为他们说土星和木星的合相总是带来灾难，火星和木星的合相则意味着瘟疫。这似乎听起来像个理论，并且被整个欧洲大陆所接受。[11]

自古希腊以来，欧洲医学水平几乎没有进步；外科手术也被视为低级体力劳动，同时认为触摸赤裸的身体是有损神职人员尊严的行为；这就是现如今的英国外科医生不被称为医生，而仅仅称为先生的原因。当时最负盛名的解剖学家，阿登尼的约翰（John of Ardene）"对痛风、灌肠和瘘管的治疗做出了重要贡献"，他在百年战争中作为一名军医学到了很多东西，因为在那场战争中，他们唯一不缺的就是尸体。[12]

当时在整个欧洲，人们相信"以毒攻毒"，所以想通过吸入难闻的气味来摆脱同样难闻的瘟疫。那时的一位医生约翰·科勒（John Colle）认为，"公共厕所的清洁人员、医院的医护人员和其他恶臭场所的服务人员几乎都对瘟疫有免疫力"。于是，"在一个瘟疫肆虐的城市里，就经常能看到焦虑不安的市民们每天花几个小时蹲在公共厕所，拼命地吸着臭气"。[13]

用一位历史学家的话说，其他的补救措施"具有某种古老的魔力，但你可能不会那么做"。[14]伦敦圣巴特医院的一份医生手册认为直接吸出的母乳可以治疗瘟疫，如果没有哺乳期妇女提供的奶水，那么驴奶或山羊奶也是可以的。还有人建议洗澡时要把头完全盖上，胸部还要用羔羊皮包裹起来，这样可能不会造成太大的伤害。

直到19世纪，人类才了解了瘟疫的病因——老鼠及其身上携带瘟疫的跳蚤。人们感到困惑是有道理的，因为携带病毒的跳蚤可以在离开老鼠的情况下存活40天。

无论巴黎大学的知识分子们提出什么样的高深理论，显然大多数人还是更宁愿相信所谓的"大灭亡"理论，他们认为这一切都源自"上帝的愤怒"。当时的人们看到了各种各样的预兆来证实这一点：在阿维尼翁的教皇宫殿上空出现了一列火柱，在巴黎上空出现了一团火球，一条搁浅的鲸鱼，男人衣服上神秘的血迹（后来证明是蝴蝶排泄物）。还有1348年12月，在赫尔发生了一场小地震，随后附近地区一对连体双胞胎出生。

教皇下令举行忏悔游行，多达2000人聚集在一起为他们的罪行赎罪，可想而知，很多人都不幸染上了瘟疫。

最终，许多人将这场灾难归咎于人们道德的败坏，以及一些令人憎恶的行为，如男性穿着性感服装，"穿着者从背后看上去更像女性，而不是男性"。还有一些人怪罪于身上的一些服饰，比如"凸显臀部"的男士紧身衣。他们还研究了堕落的表现形式，比如在比武大会中，女人们穿着"最华丽的男性服装"，在比武大会中穿着紧身裤的女拉拉队长，这些都被视为爱德华三世德行不够的证明。

愤世嫉俗的编年史作家亨利·奈顿（Henry Knighton）写道，他们"在蠢行中弄倦了自己的身体……上天自然会带来匡正之法，显现无不应验的神威"。公平地说，即使以当时的标准来衡量，奈顿的话也令人难以接受，大多数人都认为老天这次做得太过分了。

那些更活泼、更性感的衣服的出现很大程度上要归功于纽扣的发明——这是13世纪的一项简单发明。纽扣的使用让衣服更加贴身，也因此得以突显了男性或女性的体形。

在海峡对岸，布里德灵顿的约翰（John of Bridlington）将瘟疫归咎于法国国王的"贪婪、奢侈、嫉妒、暴食和暴躁"，公平地说，这是对他性格的准确描述。腓力国王颁布了禁止亵渎神明的法律来遏制瘟疫；初犯，要割掉一片嘴唇；再犯，要割掉另一片嘴唇；第三次再犯，就要割掉舌头。伦敦的行会还禁止学徒理成"像勇士或宫廷贵族那样"的发型，而锡耶纳市议会在1348年6月"永久"禁止赌博，但是这导致了收入的巨大减少，所以"永久"又变成了"1348年底"。意大利各地都禁止掷骰子，因此骰子制作者转而开始出售宗教小饰品。

佛兰德的图尔奈市也制定了道德律法，要求同居的男女必须立刻结婚；禁止诅咒、玩骰子和周日加班；葬礼上不得鸣钟，不得穿丧服，也不得守灵。

这场瘟疫所造成的最出乎意料的后果是鞭笞者运动的兴起，数百人身披麻衣在城镇间游行，用鞭子抽打自己。这项运动的组织被称为"十字兄弟会"，似乎是自发形成的，参与者是一大批光着上身的男子，"他们用带有铁钉的皮鞭抽打自己，直到流血"。[15]他们喊道："请饶恕我们！"百姓们则悲悯地哭泣着。他们一天抽打自己3次，持续33天半，象征着基督在世时间33年半。没有会长的允许，成员们不能洗澡、刮脸、说话、换衣服或者躺在床上睡觉，他们要保持禁欲状态。

自我鞭笞的集体行为从每个成员有节奏地用鞭子鞭打

自己的胸膛和后背开始,鞭子上有带着三到四根金属钉的皮带,整个过程中,人群和会长都要欢呼。旁观者会唱鞭挞者赞美诗来鼓励他们,直到这些狂热的自我残害者晕倒在地上才算达到苦修的高潮。

这种疯狂的行为席卷了德国、低地国家和法国北部,队伍变得越来越壮大,越来越歇斯底里,最终不可避免地演变成了暴力,特别是对天主教的等级制度的暴力反抗。教会领袖试图阻止他们,但每次只要有牧师阻挡他们的路,就会遭到袭击或杀害。1349年,一些鞭笞者来到伦敦,在圣保罗教堂外鞭笞自己——迷惑不解的英格兰人反应冷淡,也许在他们眼里这种行为太过离谱。

当时,人们对统治者的敌意普遍加深,但暴民很快转向了一个更明显的目标,不久之后,一场反犹太人大屠杀席卷了整个欧洲。起初,人们指责麻风病患者是这场瘟疫的罪魁祸首,并禁止麻风病患者进入伦敦城,因为他们被指控试图通过"肮脏的呼吸,将这种可恶的疾病传染给他人"。麻风病人一直是被怀疑的对象。

第一次犹太大屠杀发生在法国南部的朗格多克(Languedoc),接着是斯特拉斯堡(Strasbourg),在那里有2000人在一场暴乱中丧生,这种规模的大屠杀直到20世纪才再次出现。教皇谴责了这种迫害,并多次抨击谣言,指出有大量犹太人同样死于这种疾病,但那时暴徒们已经无法被控制了。

只有英格兰没发生犹太大屠杀，这主要是因为经过爱德华一世的迫害，已经没有什么犹太人了。[16]

关联与变化

无论是否系道德失范导致了这场瘟疫，但无疑，道德与瘟疫有一定关联，因为当时的人们认为，如果知道很快会死于一种可怕的疾病，不妨尽早享乐。罗切斯特的一位牧师威廉·迪恩（William Dene）抱怨说："所有人，或者说大部分人，都变得更加堕落，更容易犯各种各样的错误，更容易沉溺于邪恶和罪恶之中，而不会考虑死亡。"另一位同时代的作家约翰·高尔（John Gower）写了一本名为《呐喊》（*Vox Clamantis*）的书，书中"他描述了人类是如何变得越来越无能、腐败和卑鄙，如何背离上帝，如何被物质利益所迷惑，最终理应受到神的惩罚"。[17]

暴力和虐待孤儿的事件不断增多，更多的人随身携带武器。人们只考虑眼前，行事冲动。犯罪率上升，因为地方政府治理乏力，特别是在贵族官员们逃离城市之后（在巴塞罗那，政府甚至鼓动暴徒攻击犹太人）。在意大利，瘟疫还引发了一些恐惧：瘟疫患者经常入室抢劫，男人被迫交出财物否则就要被传染，女性则经常受到侵害。

艺术和文学变得更加病态。过去，人们用坟墓来纪念自己早逝的亲人，而此时却把他们描绘成腐烂的骨骼，有时还会说成有虫子从他们的眼眶里钻出来。坎特伯雷大主教亨利·齐契利（Henry Chichele）的陵墓在他去世前20年就提前建好了，他把它作为一个有趣的话题，在客人来访时就与他们谈论一番。墓志铭也更为冷酷——1402年在阿维尼翁去世的红衣主教让·德拉·格朗热（Jean de La Grange）的碑文是："可怜之人，哪敢傲慢一生。"

瘟疫之后，教堂的墙壁上画满了可怕的骷髅像，警告人们——人类终将灭亡，比较著名的是特里亚尼（Triani）的壁画《三生三死》（*The Three Living and Three Dead*），它讲述了13世纪的一个传说，三个年轻贵族遇到了三具腐烂的尸体，尸体对他们说："我们曾经是你们，而你们终将变成我们。"来自1376年的一首流行诗歌《恐怖舞蹈》（*Dance Macabre*），用欢快的手笔写道："死亡、赤裸、腐烂、恶臭。你终将如此……每个人每天至少应该想一次自己那令人厌恶的结局。"

宗教艺术更关注于以往典籍中恐怖的故事。而14世纪后期最受欢迎的书籍则是教皇英诺森三世（Pope Innocent Ⅲ）写于1195年的论著：《论人的贫苦条件》（*On the Misery of the Human Condition*）。

整个文化氛围是很绝望的。用学者型骑士腓力·德·梅济耶尔（Philippe de Mézières）的话来说："在这个瞬息万变的世界里，事情只会越变越糟。"克吕尼（Cluny）的一位修道士写道："我们能想到的，就是整个人类正彻头彻尾心甘情愿地再次陷入原始混乱之中。"

瘟疫在1361年再次卷土重来，这次是大批儿童死亡，因为许多1348年后出生的人都死于这场瘟疫，他们还没有免疫力。记录显示，有四分之一的遗产继承人死于那次疫情，总体死亡率为15%；1369年的另一场瘟疫又导致十分之一的人丧生。

瘟疫的阴影一直笼罩着欧洲，直到17世纪才消失，这是因为黑鼠被它的亲戚——褐鼠赶出去了。褐鼠更强壮，更少依赖于它的堂亲喜爱的木屋。而此时，所有人担心的就是天花了。

ENGLAND IN THE AGE OF CHIVALRY... AND AWFUL DISEASES

第8章
黑太子

The Hundred Years' War and Black Death

战争继续

与此同时,英法两国之间的冲突持续不断,大瘟疫也不能阻挡他们对战争的热情。当时英格兰已经破产,国王爱德华三世甚至求助于炼金术来获取资金。炼金术是中世纪的一种企图把贱金属变成黄金的做法。爱德华曾给了炼金术士约翰·德·瓦尔登(John de Walden)5000克朗金币和20磅银币,让他"为了国王的福祉从事炼金活动"。然而这并没有成功,因此瓦尔登于1350年被关进了伦敦塔。

爱德华炼金的失败并没有阻止法王查理五世尝试同样的事情。1365年,他召见了来自博洛尼亚大学的占星学博士皮萨诺的托马斯(Thomas of Pisano)。人们对托马斯的争议很大,因为他给国王的药物里充满了有毒的汞,但是他的计划很有独创性:"他在用铅和锡制成空心的裸体雕像中填满从法国中央和四方搜集来的泥土,并在雕像额头上刻上爱德华国王或其官员的名字。天象一旦合适,他就念着咒语,将雕像面朝下埋进土里,咒语的大意是永远驱逐、歼灭和埋葬爱德华国王以及他的官员和所有党羽。"[1]显然,这没什么作用。

爱德华三世不得不通过加重征税来支撑战争。1346年,他试图发行一种新的国际货币,在英格兰和佛兰德建立一个有效的英镑区,但是以失败而告终,发行此类泛欧货币的下场往往如此。仿佛嫌麻烦不够多似的,爱德华三世还给欧洲大陆带来了一场巨大的银行危机。他从意大利大银行家巴迪家族和佩鲁齐家族那里借了150万金弗罗林①,却无力偿还,最终导致了14世纪40年代第一次欧洲银行业的大崩溃。几乎所有借钱给爱德华打仗的意大利和荷兰银行家都破产了。

英格兰经济依赖于羊毛。羊毛十分珍贵,意大利人甚至为塞里斯特里(Sirisestri)、古因斯特里(Guincestri)、本迪索尔多-赛伦塞斯特(Ghondisqualdo-Cirencester)、温切斯特和科茨沃尔德(Cotswolds)等羊毛产地而吵起来。到1300年,英格兰每年出口1200万件羊毛,[2]征收羊毛税后,英格兰1800万只绵羊可以为王室带来全年三分之二的收入——这仅是从100名羊毛商手里征收的税款(其中四分之三还未支付)。保护羊毛产业成了发动战争的又一动机,爱德华十分看重这件事,甚至下令让议会大法官坐在羊毛袋上以昭示克雷西战役因何而起;至今上议院议长的位置仍被称为羊毛袋(Woolsack)。爱德华从赫尔羊毛商人威廉·德·拉·波尔(William de la Pole)那里借了1.3万英镑来支撑战争,不

---

① 弗罗林(florin),英国旧时价值两先令的硬币,1弗罗林相当于现在的10便士。——译者注

过这笔欠款一毛也未还给威廉。而威廉的后代在15世纪成长为权倾一时的贵族，还差点当上了国王。

1350年，法国的盟友卡斯蒂利亚人在斯鲁伊斯集结准备攻击英格兰。爱德华三世在桑德威奇集结战船，和他十岁的儿子约翰一起登上"托马斯"号迎战敌人，十年前，他就在斯鲁伊斯登上过这艘船。佛罗依萨特描述道："国王站在船头，身着黑天鹅绒外套，头戴一顶黑海狸皮帽子，与他十分相衬。他当时——就像那天和他在一起的人告诉我的那样——和往常一样神采奕奕。"不管这场战争正义与否，爱德华看起来精神抖擞，他让乐师们跳着德意志舞，还命令指挥官约翰·钱多斯和他们一起唱歌。

腓力六世于1350年去世，继位的是他那善良却无能的儿子约翰二世（1350~1364年在位）——最愚蠢的法国统治者之一。这场战争因法国王室的阴谋和暴乱而延长。国王的堂弟纳瓦拉的查理（Charles of Navarre）是最有名的贵族，人称坏查理（Charles the Bad）。他人如其名，在1354年谋杀了约翰二世的一位亲信——西班牙的查理（Charles of Spain）。纳瓦拉随后在加斯科尼与英格兰人结盟，之后他又背叛了他们。

纳瓦拉涉嫌密谋夺取政权。据传，多芬（Dauphin，亦称查理）也参与此事。[3]1356年4月5日，这两个查理和几位诺曼盟友正在举行宴会，这时国王全副武装带兵出现，逮捕了他们并立即处决了四名诺曼贵族，包围了叛军在诺曼底的据点。与此同时,英格兰则在准备入侵法国。

自由军团

战争正日益成为专业人士的业务,大部分打仗的不是国王的士兵,而是可怕的雇佣兵团——自由军团(Free Companies)。这种军队诞生于12世纪,他们杀伤抢夺,奸淫掳掠,臭名昭著,但他们比大多数由贵族领导的常规军队更为专业和有效。贵族则往往更喜欢通过军队来炫耀实力,不太在意真正的军事目的。

在法国,这些自由军团被称为"剥皮者"和"拦路强盗"。而在意大利,他们则被称为"condottieri",也就是"雇佣兵"的意思。自由军团有不同类型,有些是高度组织化的,有自己的制服,比如声名狼藉的"大祭司"阿尔诺·德·塞伏尔(Arnaud de Cervole)的追随者统一穿有白色条纹的衣服。塞伏尔以前是个令人生畏的牧师,最后被自己的军队以私刑处死。许多雇佣军的领导人都没有好下场:赛甘·德·巴的佛(Seguin de Badefol)因向坏查理要债而被毒死;吉恩·蒙雷尔(Jean Monreale)以前也是个牧师,在他最风光时,他可以要价15万金弗罗林来帮威尼斯对战米兰,但最后他身着华丽外衣被处死在罗马。他毫不忏悔地宣称,"他用一把剑在这虚假而悲惨的世界中开辟出一条自己的路"。

当时英格兰的自由军团共106个,大多由流氓贵族领导,这些军团中尽是些中世纪英格兰的无赖与恶棍。罗伯特·诺利斯爵士（Sir Robert Knollys）是英格兰最早的拦路抢劫强盗之一,1358年他成为大佣兵团（Grand Company）的首领,一年之内赚了1.7万英镑,摇身一变成了百万富翁。[4]有一段时间罗伯特·诺利斯控制着卢瓦尔河谷（Loire Valley）的40座城堡,据说一提到他的名字,农民们就怕得要跳河逃跑。最后,他甚至在阿维尼翁威胁教皇。尽管诺利斯罪行累累,罄竹难书,爱德华三世还是因为他对战法国人有功而赦免了他。诺利斯最后当了他的首席大臣,到1407年去世时一直过着富裕逍遥的生活。

另一位雇佣军领导人是诺利斯的同父异母的兄弟休·卡尔维里爵士（Sir Hugh Calveley）。14世纪60年代,他率领2000名"强盗"洗劫了法国西南部的阿马尼亚克（Armagnac）。他虽然犯有重罪,但也被赦免了,而且死前担任加来副总督一职,并统治布列塔尼的布雷斯特。除此之外还有一个罗伯特·萨尔爵士（Sir Robert Salle）,他原是诺福克的农奴,因表现英勇而被封为爵士,然而,1381年他回到家后,心怀嫉妒的农民在埃塞克斯将其杀害——这种事经常发生在那些飞黄腾达之人的身上。雇佣兵抢劫了大量财物,其中由约翰·哈尔斯顿爵士（Sir John Harleston）领导的一支军团用从香槟地区教堂掠走的100个圣餐杯喝得酩酊大醉。1364年,教皇将这些雇佣军逐出教会,并称这些雇佣军"丧心病狂,就是另一场瘟疫"。

更糟的是，这些雇佣军聚集起来、扩大规模，发展成一个令人胆寒的危险组织，即所谓的"大佣兵团"。1361年，大佣兵团到阿维尼翁勒索教皇。他们横行无忌，于是教皇组织了十字军讨伐他们。但是教皇不给来普罗旺斯的十字军报酬，只给"精神上的回报"，所以十字军一到普罗旺斯就又离开了。事实上，还有些十字军加入了他们的讨伐对象行列之中了。教皇最终决定：若是他们离开，他便给10万弗罗林并赦免他们的罪行。教皇还怂恿他们去讨伐意大利，去结束意大利人的黄金世纪。

当时，意大利城邦间纷争不断，处于分裂阶段，这些城邦包括米兰、热那亚、佛罗伦萨和比萨。意大利的贵族很富有，也正是因为这样，他们没有带兵的经验，一直以来都是雇用别人替他们打仗。在伦巴第，"最可怕的莫过于听到英格兰人的名字"，人们认为英格兰人背信弃义、阴险毒辣，不过人们勉强承认"他们不像匈牙利人一样残害受害者"。[5]皮埃蒙特州（Piedmont）编年史家皮埃特罗·阿扎里奥（Pietro Azario）写道，英格兰人一出现，"有些人就躲进地窖，晚上则房门紧闭"。

最臭名昭著的雇佣军首领是约翰·霍克伍德爵士，意大利人称他为"骗子约翰"（Sharp John）。他最初是爱德华三世麾下的一名低级士兵，但到1360年，他掌管了一支属于自己的自由军团——塔德-维纳斯（Tard-Venus）；两年后，他带领一支新的超级雇佣军团——白色军团（White

Company)——来到了意大利,最后佛罗伦萨付了一大笔钱,这实际上是一笔保护费。后来约翰·霍克伍德娶了米兰公爵的一个私生女。有一次有人问他为什么不为和平而战,他回答说:"难道你不知道我以战争为生,和平只会摧毁我吗?"

骑士守则

英格兰王室表面上否认与这些雇佣军组织有关系,暗地里却对其给予支持,不过一些贵族憎恨自由军团,认为自由军团代表着战争商业化,他们完全是为了自己的利益而战。接下来的一场大战更是贵族秩序开始终结的标志。1356年,金雀花王朝在普瓦捷战役(Battle of Poitiers)中再次取得了更大的胜利。在此次战役中,黑太子领导的7000名英军打败了3.5万名法军。

同年,黑太子带着2600名英军扫荡了法国西南部,在两个月的时间里摧毁了郎格多克地区,烧毁了卡尔卡松(Carcassonne)和纳博讷(Narbonne)的城市,一路大肆屠杀了600英里。英格兰人凶残无比,许多人都躲进了山洞和森林。黑太子在写给父亲的信中提到,他很满意自己"烧毁了许多美丽的城镇,捣毁了许多要塞"。

最后,一支更庞大的法军赶上了爱德华三世,此时他已经远离加斯科尼,根本无法逃脱,于是他试图通过谈判来摆脱法军。但更糟的是,三天前英军已经断粮了。然而令人难以置信的是英军最终获得了胜利，法国骑兵再次被所向披靡的英格兰弓箭手击败。当时法国贵族们忙于争论打仗的时候谁站在中间位置，因为站在中间的人能获得至高无上的荣誉。普瓦捷战役最能说明骑兵至上时代的终结。

对于获胜方来说，这就是走了大运。许多英格兰士兵俘虏了四至六个人。俘虏非常之多，英军无法把他们全部拖回去，因而他们不得不释放一些俘虏，但条件是法国承诺在圣诞节之前将赎金送到波尔多。这些英格兰暴民一旦抢了东西，就把战利品带回加斯科尼。在那里，"他们把抢来的金银都花在了酒和女人身上，简直愚蠢至极"。沃里克伯爵拿下了桑斯大主教（Archbishop of Sens），得到8000英镑赎金；有个乡绅抓到了勒芒（Le Mans）主教，以1000英镑的价格将其卖给了爱德华。

最丢脸的是，法王约翰二世也竟然被俘，这个倒霉的国王先被送回了加斯科尼。在那里，"腰包装满着金银，并捕获了大批战俘"的英格兰人，对约翰二世的这次战斗"赞不绝口"。爱德华三世至此便一直就囚禁着两位国王，因为苏格兰人太穷了，无法支付大卫王的赎金。后来，约翰又被带到伦敦并游行了数小时。他骑着一匹白马穿过城市，市政公会雇来的漂亮姑娘给白马浑身装满了金色的叶子。在一次宴会上，英格兰人举杯赞美他，称他为一位伟大而勇敢的国王，而餐桌旁服侍他的就是黑太子——这是骑士精神精妙的地方。骑士守则意味着贵族在战斗中有更大的机会幸存下来,因为他们被俘就代表有一大笔赎金;但普通士兵就不会那么值钱了。罗伯特·诺尔斯爵士上战场时会带着一块标牌,上面写着"俘获罗伯特·诺尔斯爵士的人将获得10万张羊皮",而一张羊皮价值1/3磅白银,那可是一笔相当可观的钱。

骑士守则偶尔也有助于减少杀戮。1351年,法军攻击了一支驻扎在普洛埃梅勒(Ploermel)的英军。为了避免造成大规模屠杀,双方同意各选出30名最优秀的士兵,让他们进行战斗。这场战斗被称为"三十勇士之战"(Combat of the Thirty),最后法方获胜。人们争相写诗传颂这场传奇战斗,那天参加战斗的每个人都大受追捧。这也难怪一时间有上千人声称参加了这场战斗。

法国国内仍是一片水深火热,它像往常一样充满了钩心斗角,甚至开始出现农村暴力事件。被关在卢浮宫地牢里的坏查理于1357年逃脱后,与一个叫艾蒂安·马赛尔(Etienne Marcel)的巴黎煽动家一起建立了全新的政府,控制了首都。然而就像后来法国人民权利运动一样,它也免不了以悲剧结尾。

与此同时,法国和英格兰进行了无数次和平谈判,几近阻止了战争的继续。1358年,巴黎三级会议(Paris Estates-General)否决了一项协议,只为了强调一点:"巴黎暴徒闯入王宫,在王太子眼前将他的大臣殴打致死,然后把他们的尸体从窗口扔下。"[6]法国的国内混乱的局势使得英法和约未能签订。

　　同年,法国爆发扎克雷(Jacquerie)起义,这是一场大规模的农民起义。扎克是农民穿的衣服(短上衣的意思),起义由此得名。这场起义最后依靠武力被血腥镇压下去,数万人丧生。1359年,新的和平谈判又失败了,因此年近50岁的爱德华三世于10月率1万名士兵登陆加来。对英格兰人来说,这是一次冒险,因为法国骑兵紧随其后,他们会消灭掉队的人。那一年的冬天天气十分恶劣,暴雨把道路变成了沼泽,河水泛滥,淤泥堆积,没有可以饮用的水。英军粮食耗尽,但不敢去觅食。年轻的杰弗里·乔叟也在1359年至1360年间跟随爱德华三世远征法国途中被俘,被关在布列塔尼,之后又以16英镑赎回。他后来写道:"这里所有人都已经是哭声一片"——显然乔叟在这段被俘时日里没少遭罪。

　　1360年1月,漫无目的的英格兰人来到勃艮第北部,在喝了3000桶(4000升)葡萄酒后,带着当地公爵给他们的3.3万英镑离开了这里。然而,温切斯特在3月份遭到袭击,这给英格兰造成了极大的恐慌,不过这种程度的袭击与英格兰对法国造成的伤害相比微不足道。1360年10月,英格兰人在得到了第一批赎金的三分之二后,就放约翰二世回国了,但约翰必须留下三个儿子作为人质。法国将国王11岁的女儿"卖给"米兰公爵吉恩·格里斯·维斯特尼(Gian Galeazzo Visconti)的儿子,筹得部分资金——这位米兰公爵堪称当时世界上最富有也最道德败坏的人之一。

1361年，英法双方终于达成一项和平条约。在该条约中，爱德华放弃对法国的继承权，同时约翰放弃加斯科尼。虽然由于一些复杂的原因，这两项条款被搁置了，双方都觉得条款可以在日后正式生效。然而后来这两项条款名存实亡，英格兰人甚至无法执行条约的大部分条款，因为英格兰已经无法控制横行于法国的数以千计的暴徒，这些暴徒拒绝将多达150座的城堡交还法国。

1364年，英法双方又进行了多次谈判，而这时约翰的一个儿子离开英格兰回国与妻子团聚了。因此约翰觉得他必须回到伦敦，替儿子当人质。英格兰人十分钦佩约翰的正直，隆重地接待了他。事实上，约翰受到极好的招待，他参加了为他举行的所有派对和宴会，然而由于过度放纵很快就去世了，年仅44岁。在他的遗体被送回法国之前，英格兰人在圣保罗大教堂为他举行了隆重的安魂仪式，以此来悼念这个意外身亡的国王。

英格兰的荣耀

战争中止了，但爱德华三世时日无多的消息让每个人都十分消沉，国家经济状况也很不乐观。就是在这段时间，有关罗宾汉的故事首次作为文学作品问世，不过关于他的传说在13世纪就有流传（罗宾汉在12世纪90年代与狮心王理查的故事后来很晚才出现）。那时有部著名作品叫作《农夫皮尔斯》（*Piers Plowman*），讲述了一个喜欢抱怨掌权者的卑微农民的历险故事。其作者威廉·兰格伦（William Langland）曾经靠为有钱人唱弥撒音乐维持生计。在穷人对年迈的老国王、自私的贵族和试图实施瘟疫前工资的当地士绅越来越愤怒的时候，《农夫皮尔斯》传达了明确的政治信息。其他流行的歌曲和诗歌也描绘了类似的状况。大约在1340年，《农夫之歌》（Song of the Husbandman）讲述了一个贫穷的农场工人被官员带走的故事："我卖了我的种子，为国王寻找银子，因此我的土地撂荒，颗粒无收。"

从1364年起，英格兰在战争中的运势江河日下。约翰二世死后，新国王查理五世（1364~1380年在位）是个更加强大的敌人，尽管他饱受各种疾病的折磨，包括溃疡和一种"未确诊的疾病，后者常常使他筋疲力尽，卧床不起"。查理五世知识渊博，喜欢历史和神学，在卢浮宫的一座塔楼里保存着他的1200本藏书。

英格兰人继续进行着更加无意义的军事冒险。黑太子在卡斯提尔卷入了一场内战，但是当他在1369年获得初步胜利后，他的盟友残忍的佩德罗被赶了出去，他"唯一的收获是一颗巨大的'红宝石'，这颗'红宝石'实际上是一颗石榴石，曾经是格拉纳达苏丹的财产"，现在它仍是英国王室珠宝之一。[7]

黑太子之后被派去管理加斯科尼，加斯科尼的人民很快就对他的干涉感到厌恶。1369年，法国国王传唤黑太子爱德华前来觐见，和平关系由此破裂。黑太子拒绝觐见，于是阿基坦被法王正式没收，而他的父亲爱德华三世则继续争夺法国王位，一切回到了原点。黑太子表示他会全副武装，戴上头盔，带领一支军队，以回应对巴黎的"召唤"。不幸的是，在卡斯提尔作战时，他感染浮肿（现称为水肿，症状为皮下积液），卧床不起，这让他饱受折磨近10年，在痛苦中死去。

1370年，英军将领约翰·钱多斯率领300名英军在向一支法国军队冲锋时在湿漉漉的地面上滑倒，敌人的剑直接插进了他的头颅。同年，罗伯特·诺利斯爵士被派去统领军队，但是许多英格兰贵族拒绝在这个"老土匪"麾下效力，纷纷离开。罗伯特又发动了一场毫无意义的战争，他们打到了巴黎郊区，但法国国王明智地拒绝与他们战斗，罗伯特最后也只能草草了事。

同年8月，黑太子最后一次征战法国是躺在担架上被挑夫抬上战场的。他负责指挥英军包围利摩日（Limoges）。战斗结束后，他下令处死3000名男子、妇女和儿童，佛罗依萨特称之为"最悲哀的事件"。3名守城的将领幸免于难，因为他们曾与冈特的约翰及另外两名英格兰将领作战，依据骑士守则，他们不可以被处死。利摩日之战几乎是黑太子爱德华的最后一战，"因为他的病情一直在加重"。1372年，他的长子去世，这让他情绪更加低落。他辞去了阿基坦公国的封地，来到伦敦附近的伯克姆斯特德（Berkhamsted）休养，在那里他度完余生，郁郁而终。

1373年，冈特的约翰发动了一次新的长途奔袭行动，目标包括皮卡第（Picardy）、香槟、勃艮第、波旁奈依（Bourbonnais）、奥弗涅（Auvergne）和利穆赞（Limousin）等地，他的队伍依旧充斥着流氓无赖。他们出发时有1.1万人，然而只有6000人到达波尔多，几乎所有的马都死在了途中。从战术上来看，这是一项相当大的成就，但是从另一角度来说，这完全没有意义，因为他们没有拿下一座城池。

现在，一些英格兰人从道义层面上公开谴责这场战争。在《国王的职责》（*De Officio Regis*）里，牛津神职人员约翰·威克里夫（John Wycliffe）说过，战争违背了教义，而多米尼克教派的约翰·布罗姆亚德（Dominican John Bromyard）在《论普瑞康坦》（*Summa Praedicantium*）中写道，战争衍生贪婪，蔑视生命。

爱德华三世在最后几年里一直郁郁寡欢。他患了痢疾，花了134英镑让一个用"龙涎香、麝香、梨和金银"治疗的庸医给自己看病——这134英镑相当于三个骑士一年的收入总和。不出所料的是，这样的方法并未起效。后来，他接连中风，精神和身体都十分虚弱，俨然成了一个"愚蠢而昏庸的老人……智力还比不过8岁的男孩"，而且大部分时间还醉醺醺的。菲利帕王后于1369年去世，因而她多年来对爱德华的积极影响也不复存在了（她也是第一位拥有生动逼真肖像画的王后，这反映了当时文艺复兴的曙光已经到来）。菲利帕的仁慈在加来也是出了名的。1331年，齐普赛街（Cheapside）比武大会的看台倒塌，数人丧生，施工木匠被指责为灾难的罪魁祸首。他们"让宫廷的骑士和淑女们丢了面子",国王准备将所有涉事人员处死,但最后菲利帕王后挽救了所有人的生命。

爱德华现在受他的情妇爱丽丝·佩雷斯(Alice Perrers)的摆布,他把他妻子的长袍和珠宝都送给了她。佩雷斯顶着"太阳夫人"(Lady of the Sun)的头衔坐上一辆凯旋战车,穿戴着这些长袍和珠宝在伦敦招摇过市。据说是她让国王得了淋病,不过考虑到国王的生活史,也有可能是其他人。佩雷斯招致很多怨恨,1376年,"好议会"(Good Parliament,当时不同的议会会议都有昵称)决定见好就收,选出第一位下议院议长来限制朝臣滥权的行为——这一角色在当今英国下议院和美国众议院中仍然存在。骑士彼得·德·拉·梅尔(Peter De La Mare)的演讲引人入胜,因而人们选他担当此任。

德·拉·梅尔宣称国王"身边有对他或国家不忠诚或无益的议员和侍从",因而弹劾程序由此产生。现在政府官员不仅对国王负责,而且对公众代表负责;英国在19世纪废除弹劾程序,但美国现今仍然予以保留着。

"好议会"要求重审146起冤案,否则他们不会再给王室拨款,他们还要求解雇腐败的大臣,驱逐佩雷斯——当时的人们都认为佩雷斯是个女巫。这是下议院第一次抨击王室。尽管之前也存在分歧,爱德华三世却总能成功让议会和贵族支持他。爱德华十分讨厌律师,从1330年到1372年,他曾7次拒绝律师和"包揽诉讼罪者"担任郡议会代表。他的孙子亨利四世（1367~1413年在位）更讨厌律师，1404年他禁止所有律师进入议会。

1376年6月，黑太子爱德华去世了。次年夏天，重病的爱德华国王也随他而去。据说国王临终前躺在床上，他的情妇把他手上的戒指摘下来卖掉了。编年史家托马斯·沃尔辛厄姆称她为"坏透了的风尘女"。

在威斯敏斯特教堂，爱德华三世的墓碑上写着："这里躺着英格兰的荣耀，过去国王的典范，未来国王的榜样……从未被征服的雄狮。"人们之所以这样看待他，只是因为威廉·莎士比亚写了一部关于亨利五世的戏剧，把爱德华三世塑造成国家的头号英雄。很长一段时间里，人们都在追忆他统治时期的光辉岁月，而忽略了无尽的杀戮和灾难，因为这个国家是团结的、令人恐惧的，甚至在"异教徒聚集地和北非"，[8]这个国家也声名赫赫。

爱德华三世因军事成就而被人民称颂，不过他也让他的国家陷入一个危亡的境地。这位年迈的醉鬼国王也许没有注意到这一点，但他的国家的确是危机四伏。

1377年，诗人约翰·高尔说过：

"观察时事的人可能很快就会害怕……

不耐烦的荨麻（人民）将会突然刺向我们。"[9]

英格兰的危机即将爆发。

ENGLAND IN THE AGE OF CHIVALRY... AND AWFUL DISEASES

第9章
农民起义

The Hundred Years' War and Black Death

理查二世

1377年6月21日,伦敦的市政官员骑马从伦敦穿过泰晤士河来到肯宁顿黑太子生前的宫殿,宣誓效忠于新国王——黑太子年仅10岁的儿子——波尔多的理查(Richard of Bordeaux)。

一个小男孩当国王是个问题,而且法国威胁说要在几周内入侵英格兰。理查二世(1367~1400年在位)刚登上王位,英格兰就打了几场败仗,国内四分五裂,王室穷困潦倒。理查二世后来成为莎士比亚笔下著名的疯子。当时他接手了一个烂摊子,而且周围强敌环伺。

最有权势的是他的叔叔冈特的约翰,在爱德华三世统治的最后几年,冈特的约翰从他岳父亨利那里继承了兰开斯特公爵的头衔(兰开斯特是一个高度自治的郡级领地)。人们对约翰深恶痛绝,1376年,一个伦敦暴徒差点杀了他,而且有流言说他毒害了第一任妻子,但这不太可能(在配偶很可能不久就会暴病身亡的时代,离婚不是大问题)。

为了支付战争的费用，政府加征了一项新的税收，叫作"人头税"（poll tax）。英格兰以前从来没有过人人必须纳税的情况，人们不久就明白了其中的原因。1381年，愤怒的农民揭竿而起，发动了英格兰历史上规模最大的一次民众起义。

当时的社会制度通常被称为封建制度，而封建制度这个词是亚当·斯密在1776年才创造的，它起源于古法语"feodum"，意为土地。这个词指的是在前资本主义社会中，商品、服务和劳动不是自由交换的，人们被劳动关系所束缚，国王高高在上，农奴则位于社会最底层。

在君主统治之下，贵族阶层由大约60个贵族家族组成，他们的血统都可以追溯到黑斯廷斯战役时期，不过诺曼和撒克逊之间的界限模糊，究其差别并无意义。贵族之下是骑士，他们有足够的土地和收入来买一匹马和战斗盔甲或是拥有40英镑的净资产。骑士之下是士绅，他们是一种原始的中产阶级；再下是约曼（yeomen），他们是拥有少量土地的有一定地位的自由民。[1]

社会最底层是没有自由的农民，即"农奴"（villeins，来自拉丁语"villa"，意为房子），他们被束缚在土地上，几乎没有个人自由。在教会的压力下，农奴制取代了诺曼人的奴隶制。虽然农奴制好一些（即使主人是执掌地方司法大权的官员，农奴不能与家族成员分开，也不能被任意杀害），但它也绝不是什么值得高兴的事情。农奴制很普遍，在1290年大约60%的农民没有自由，这种情况可能在一个世纪内都没有多大变化。²一些地区的农奴较少，特别是在肯特郡，那里自由农民阶级正在崛起，同时整个西欧的农奴制也正在衰落。

下层阶级很受鄙视，这表现在许多诸如恶棍（villein）、乡巴佬（gabore，指盎格鲁-撒克逊底层人）和粗鲁之人（churl）这样的词，都源自旧时对农民的称呼。托马斯·马洛里爵士（Sir Thomas Malory）的《亚瑟之死》（*The Death of Arthur*）是中世纪晚期最受欢迎的书籍，书里有台词的农夫只有一个，还因为拒绝骑士征用他的马车而头部遭到重击。佛罗依萨特谈到英格兰农民阶级时说，他们"残忍、背信弃义、不忠诚，他们不允许他们（贵族）免费吃东西，即使是一枚鸡蛋或一只鸡也不行"。³

社会并不是完全固定不变的，农民有可能在世界上崛起。英格兰财政大臣、温切斯特主教威廉·威克姆（William of Wykeham）就是农奴的儿子，他后来创办了牛津大学新学院以及温切斯特公学，这是英国第一所公学，⁴学校至今仍在使用他的个人格言："知礼而后立。"克莱门特·帕斯顿（Clement Paston）也是农民，而且是最低级的农民，不过在接下来的一个世纪里他的家族崛起，直逼贵族，但这种情况极为罕见。

农民的生活很悲惨。在贫穷的北方，农民经常和雇用他们的农场主住在一起，和牲畜一起睡在谷仓里的干草上；南方的农民住在小小的"帐篷形的棚屋"里——在某种程度上这是一种进步。农民的食物普遍欠缺，以劣质面包为主，肉类甚至鱼类也是难得的享受。农民们可以吃到少量的水果，不过当时人们认为水果有损健康。从当时农民的骸骨可以看出，他们普遍营养不良，体内缺乏维生素。

农民还得给他们的主人提供各种各样的服务，他们常常被这些负担压得喘不过来气。除了自由劳动，他们还得向主人缴纳婚姻捐来获得女儿结婚的许可；还有财产继承税——是种遗产税；私通罚金——主要是妇女因进行被禁止的两性行为而支付的罚款，因为如果一旦发生这种行为，妇女就会有怀孕的风险，这会降低她们作为农奴的市场价值。此外，他们还要缴纳可离开庄园的人头税；允许在主人的羊圈外放牧动物的放牧金；开垦新土地时的准入罚金；一种叫"塔利金"（tallages）的土地税；以及迫使农奴以主人自定的价格使用其磨坊的磨坊金。尽管什一税被废止了，但教会还是拿走了农奴所有生产的十分之一。

没有主人的同意，农奴不能离开庄园，也不能让自己的孩子上学。任何离开主人领地到别处工作的农奴最终都会被关进监狱，或被关进畜栏，受鞭刑或割耳之刑。农奴制的优势在于，主人也应该保护佃户的财产。如果一个佃户的家族成员残疾了，被绑架了，或是被罪犯侵害，领主会给予他们帮助。但如果主人不想这么做的话，农奴也没有办法。

除此之外，农奴不能在自己的棚屋里烤面包，他们的玉米必须送去磨坊主（领主及其仆人）开的磨坊厂里磨碎。磨坊主因经常敲诈农奴而遭人憎恨，这也许就是米勒（Miller，即磨坊主）这个名字在英格兰并不常见的原因，而且大多数美国人会把这个姓氏写为穆勒（Muller）。

农奴死后，其主人可以带走他最好的牲畜，而当地的牧师可以得到次一点的。然后，领主可以为了补充劳动力而强迫他们的妻子再婚，这种做法很是常见。1335年，在伯克郡的布赖特瓦尔坦（Brightwaltham），主人逼迫6个寡妇再婚。如果她们想要保留丈夫的土地，就必须听从安排。

因此，佛罗依萨特对农民阶级的抱怨可能不会引起多少共鸣。

农业劳动艰苦繁重，但是除了收获季节，大多数农民都处在半失业的状态，所以一年中的大部分时间他们无事可做，但无论如何，这一切都随着瘟疫而改变了。各个阶层受瘟疫的影响不同，农奴的死亡率为50%，而贵族和士绅的死亡率为27%。瘟疫带来了一个好处，那就是农奴的市场价值猛增。

1350年，一个农民的工资从两先令增加到十先令，工匠的收入是1300年的3倍。温切斯特主教观察到从1360年到1380年小麦价格上涨了6%，但是他付给劳动者的工资却上涨了69%。当时，一些劳动者甚至享受带薪假期、免费住宿，工资也随之提高。收割工人每天得到的麦芽酒是之前的两倍，还得到了用小麦而非大麦做成的面包。这种进步不应被过分夸大，因为他们得到的食物可能口味低劣，但是劳动者的生活水平的确是普遍提高了。到了1400年，大多数人吃到了诸如白面包、牛肉、羊肉、鱼肉等更好的食物；从低地国家引进的添加了啤酒花的啤酒取代了人们过去喝的十分恶心的麦片粥（尽管如此，人们还是齐心协力地去禁止这种新奇的外国啤酒）。

劳动力价格一路飙升，许多人抱怨很多农活儿都没法雇人干了；议员们抗议称，农民和仆人离开庄园时"心怀鬼胎"，"如果他们的主人责备他们没有干好活儿，或者提议按照法规支付报酬，他们便立刻罢工，逃离他们的乡村，去过一种罪恶的生活，两三个人一起去抢劫一些小村庄里的穷人"。

诗人威廉·兰格伦曾惊讶于工人们的要求："他们已经不满足于喝散装麦芽酒、吃咸肉，他们非要吃新鲜的肉或鱼，必须油炸或烘烤，而且要热气腾腾，否则他们的胃就受不了。现在就是这样的情况。而且他们还要求高工资。"兰格伦说农民对食物已经变得挑剔起来："他们不屑吃一天前的蔬菜，一分钱的麦芽酒也不行，一块咸肉也不行。"他们一定要烹饪过的肉，真是一群忘恩负义的家伙。

统治者对此问题的回应是通过制定法律来调整工资，然而他们并未对此法律的效果抱有希望，因为这些法律主要是为了帮助小农场主和雇主，而不是帮助大地主（兰格伦当然不是贵族）。1349年颁布了《劳工条例》（The Ordinance of Laborers），目的是将工资定在瘟疫前的固定水平，要求男女工资相同，雇主给农民增加工资就会有牢狱之灾。然而，大多数人都无视这项法规，大批农民还是继续离开庄园，去待遇更好的地方干活，尽管这是非法的。

瘟疫过后，一些农民采取法律行动摆脱封建束缚。从1377年到1388年，南方有40多个庄园要求国王核实他们在《调查清册》（Domesday Book）中的登记——1086年英格兰全境实行土地普查，并登记人们的地产情况——以证明他们是王室财产的一部分，从而免于劳役。最后只有一个庄园得偿所愿，可以证明它属于盎格鲁—撒克逊国王。

1349年的《劳工条例》之后是1351年的《劳工法令》（Statute of Laborers），它规定工资不得高于1348年前的标准，否则视为非法。它还批评了"居心叵测的仆人为了自己的舒坦和贪婪，不仅完全无视上述条例"，还要求"高得出奇的工资"。凡是对瘟疫前工资标准不满的人，初次起诉者将被处以三天的监禁，还要戴上枷锁。1360年，又一项法律规定，逃亡的劳工如果离开庄园将被烙上字母"F"。到14世纪70年代，王室法庭70%的法律事务涉及劳动立法，这表明劳工逃亡已经威胁到王国的治理。官府甚至在格洛斯特郡制作大批枷锁以监禁那些拿高工资的人，但是官府又必须每天付5.5便士给木匠，这是法定上限的两倍。[5]

1363年，议会甚至通过了一项法律，禁止人们穿戴不符合自己身份地位的服装以及限制人们穿皮草和尖头鞋，因为底层人穿这种鞋会被认为是对高阶层者极大的挑衅。根据这些规定,贵族的鞋尖可以伸展到24英寸,士绅的鞋尖可以伸展到12英寸,商人的鞋尖可以伸展到6.5英寸。从我们现在的角度来看,这一切好像很奇怪,然而在当时,穿着与自身社会阶层不符会被认为是一种欺诈行为。1363年的《禁奢令》(Sumptuary Law)将人群分为七个社会阶层,它规定士绅以下的人不能穿天鹅绒,而任何从事服务行业的女性都不能拥有价格高于12便士的面纱。[6]

人头税

1377年,在爱德华三世去世四个月后开始征收第一次人头税,每个农民必须缴纳工资的十三分之一,这些钱全被用在了战争上,不过这就像把棉絮扔进了炉子里一样,瞬间便消耗殆尽。

政府需要筹集5万英镑,于是第二次人头税在1379年开始征收,结果仅筹集到2.2万英镑,这还算不错的成绩,但很快这些钱又被冈特的约翰那个生性冲动的弟弟——伍德斯托克的托马斯(Thomas of Woodstock)——用在又一次的长途奔袭上了。1380年,为了资助伍德斯托克入侵法国北部,王室甚至当掉了英格兰王冠上的珠宝,结果证明了这就是"眼睁睁地走上了贫困、饥饿与徒劳的道路"。[7]这次入侵法国是为了支持在布列塔尼的盟友,但伍德斯托克十分奇怪地绕了一条远路,他选择穿过香槟和勃艮第,希望赢得战斗,但很不幸,他用了与上次完全相同的战术,也得到了完全相同的结果。1379年的税收也用在了次年一场被"神灵诅咒"的征战上。当时约翰·阿伦德尔爵士（Sir John Arundel）在布列塔尼发起了一次突袭，那伙人耀武扬威地带着一个装有52套镶金套装的衣橱上了船——当时发动越多战争，就越有面子。他们袭击了一个正在举行的婚礼，强暴了所有的女性，然后绑架了所有人。但是最后他们遭遇了暴风雨，20艘船沉没，1000人丧生，只剩下8人侥幸逃生。许多人认为这是"神明的惩罚"，尽管所有的女俘虏也被淹死了，这可谓是"神明"的附带伤害。

现在全国各地的骚乱越来越多，伦敦的商界高层认为王室正在密谋将贸易中心转移到南安普敦，他们因此而惶惶不安，一个贸易公会甚至策划谋杀了热那亚使者，因为他们认为热那亚使者与这个阴谋有所联系。1380年11月在约克郡，暴民们手持斧头冲进市政厅，把市长约翰·吉斯本（John Gysburn）赶出城，然后抓住一个叫西蒙·德·吉克斯雷（Simon de Quixlay）的人，强迫他担任新市长，并让市议会全体成员宣誓效忠于他。尽管德·吉克斯雷在极不寻常的情况下当了市长，但之后他还是连任了两届。1381年初，第一位税吏——来自牛津郡的威廉·佩尔伯（William Payable，他的姓氏与他的工作十分相符）[①]——遭到无名杀手的谋杀。

法国的骚乱也接连不断。暴民们在法语中被称为"杀狗

[①] 佩尔伯（Payable），即为"应支付的"。——译者注

者"。顾名思义,这是一场血腥运动。1379年,这场暴乱在蒙彼利埃(Montpelier)遭到镇压,官府处死了600人,其中200人被绞死,200人被斩首,还有200人被烧死,他们的财产全被没收,子女终身为奴。

前两次人头税筹集了不少资金,但这还不够多。1380年11月,议会投票通过了第三次人头税的征收,支持冈特的约翰在西班牙为争夺王位发动的军事行动。这是一个不得人心的人发动了一场不受欢迎的战争,英格兰民众从中得不到任何好处。这引发了一场"暴民骚乱"(Mad Multitude)。"农民起义"(Peasants' Revolt)这一说法是在几个世纪后才有的。许多历史学家不喜欢用"农民起义"这个词,人们一看到"农民",脑海中就会出现愚呆的乡下人嚼着稻草和挥舞着干草叉的画面,而我们现在所说的"乡下人"(rustic)是指美国中产阶级或英国中下层阶级这一群体。

新一轮税收征收之时正赶上农民收成不好,又恰逢严冬,当权者规定除乞丐外,凡年满15岁以上均需纳税。不出所料,大部分人口神秘地失踪了:与1377年相比,1381年全国纳税人口减少了45万人;埃塞克斯在1377年的纳税人口为4.8万人,四年后这一数值突然下降到30748人。像埃塞克斯这样的富裕地区尚且如此,更不用说康沃尔和兰开夏这样的贫困地区,其纳税人口更是减少了一半多。1381年春天,国王派督查官被前往埃塞克斯督促征税,要求在4月21日之前征集66666英镑的税款。与督查官同行的还有全副武装的士兵，以恐吓当地人。

据传在一个叫福平（Fobbing）的村庄，有个无耻的督查官"掀起年轻女孩的裙子"来检查她们是否成年，如果已经成年，则要缴纳税款。还有传言称埃塞克斯第一支起义队伍的领袖托马斯·贝克（Thomas Baker）的女儿也受到税务督查官的骚扰。没人知道这到底是真的，还是只是中世纪时期人们的疯言醉语。不管导火索是什么，福平、科灵厄姆（Corringham）和斯坦福勒霍普（Stanford-le-Hope）这三个村庄爆发了暴力事件，愤怒的乡下人袭击了一个当地官员的住处，在那里，他们砍掉了两个职员的脑袋，喝光了三桶葡萄酒。他们全副武装，拿着生锈的长剑、斧头和弓箭，被胜利冲昏着头脑，但他们也许只是喝醉了而已。很快，人们看到埃塞克斯叛乱分子举着三根插着人头的杆子在郡里东突西奔。（自从爱德华一世统治以来，官府一直试图让人们做好战备，允许、鼓励、有时甚至强制民众持有危险武器。）这场暴乱很快从泰晤士河口蔓延到了肯特郡，在肯特郡出现了一位起义领袖——瓦特·泰勒（Wat Tyler）。[8]在起义刚开始时，叛乱分子用暴力和胁迫手段强制人们加入起义，凡是他们所到之处，几乎所有权贵都面临着被袭击的危险。暴徒"冲到不愿起义之人的庄园和镇子里，推倒房屋，放火烧人"。教堂和修道院是他们的主要攻击目标，因为这些地方最后才废除农奴制、允许农民自主劳动。起义从一开始就出现了不少的自发团体：凡是生活在距海12里格以内的人要留在村子里，以防法国人入侵。这些人自称为爱国人士，忠于国王和"真正的民众"。

一位对起义充满敌意的观察家托马斯·沃尔辛厄姆说，"那些拒绝或不屑"加入起义"的人知道自己的财产会被掠夺，家园会被烧光拆毁，他们自己也会被处决"。佛罗依萨特对所有工人群体的困境都不怎么同情，他说，"英格兰一度失去了复苏的希望"，但"四分之三的叛乱分子不知道要求什么，也不知道需要什么，只是像野兽般互相追逐着"。平心而论，那时的大多数抗议活动实质上可能都是如此。

肯特郡的反叛分子袭击了监狱，释放了囚犯，其中包括一位名叫约翰·鲍尔（John Ball）的牧师，他和当局已经打了20年的交道。鲍尔曾三次被坎特伯雷大主教监禁，因擅于煽动他人而为众人所熟知，他反对不平等和腐败，抨击教会的等级制度。坎特伯雷大主教指责鲍尔的布道"充满了异端堕落的恶臭"，沃尔辛厄姆则批评鲍尔在演讲中呼吁的"自由与高贵、尊严和权力的平等"是"无理取闹……荒唐至极……胡言乱语"。

如果是在当今社会，他也许会是英国广播公司电台和美国国家公共广播电台的固定嘉宾，主要谈论社会司法正义问题，但是当时的当权者没有那么多时间接待这位左翼牧师，而鲍尔大部分时间都待在监狱里。约翰·鲍尔有一句著名口号，"当亚夏娃男耕女织之时，又有谁是绅士呢"，他以此来为他激进的平等愿景进行辩护。在批评者眼里，鲍尔期待着一个"放荡而不感羞耻"和"贪婪而不受责备"的时代。

鲍尔、瓦特·泰勒和杰克·斯特劳（Jack Straw）是三位当时广为人知的反叛领袖，但在历史记录中并没有太多关于泰勒的记载，斯特劳的记载几乎没有。历史往往如此，名声大噪与微不足道并没什么不同。

佛罗依萨特称当时有5万叛乱分子进军伦敦，但实际人数可能不到1万；但无论如何，伦敦城中能参加战斗的人数要少于这群可怕暴徒的人数。人群都在呼喊"宰了所有律师！约翰·鲍尔敲响了你的丧钟"。肯特郡的农民在去伦敦的路上摧毁了所有律师的房子——当时律师这一职业普遍遭人厌恶，农民更是痛恨律师。

伦敦的商人又惊又怒地把矛头指向了冈特的约翰，因为冈特的约翰此刻远在苏格兰边境，这意味着此时无人领导伦敦的防务。当时的国王正处在一个和大多数男孩一样忧心粉刺和初恋的年纪，他无心安抚这些愤怒的乡下暴徒。

进军伦敦

6月12日，肯特的起义军抵达伦敦郊外，在伦敦东南的布莱克希思（Blackheath）集结，国王被迫乘船来到此地与他们会面。叛乱分子向国王提出了一系列要求，大都十分荒谬，比如他们要求处死大部分国王的大臣。当时一些大臣正与国王在一起，因而不难推测到，这些人一定会建议国王否决这项要求。叛乱分子想杀的15个人当中包括首席大法官罗伯特·贝尔克纳普爵士（Sir Robert Belknap）。罗伯特·贝尔克纳普十分招人怨恨，在理查二世举行加冕典礼时上，市民在巡游路线上摆放了一个罗伯特·贝尔克纳普的人头雕像，下面接着一段水管，"所有路过的人都会看到葡萄酒从他那张滑稽的嘴里喷了出来"。冈特的约翰此时是坎特伯雷大主教，同时还是首席财政大臣，他也在这15人当中。基本上除了国王，其他当权者都在这份处决名单里。在泰勒幻想的世界里，国王应和他一同治理国家。⁹然而，一些历史学家表示，这位正处在青春期的统治者就像许多14岁的孩子一样莽撞，他可能非常赞成砍掉这些长辈们的脑袋。

不久，这群叛乱分子来到南华克区（Southwark）——伦敦桥另一端。当权者做了一个十分错误的决定，允许他们通过伦敦桥，之后这些人就在伦敦城内大肆破坏，很明显伦敦城的居民给了他们很大的帮助。

这群暴徒的第一个目标是冈特位于城西的萨沃伊宫，这是从他岳父兰开斯特的亨利那里继承下来的。起义军攻城的谣言一传开，萨沃伊宫里的仆从带着他们能拿到的所有财物匆忙逃走。这座宫殿非常豪华，前门就是伦敦通往威斯敏斯特的斯特兰德大街，后门就是泰晤士河，还修建有自己的码头。整座宫殿价值连城，兰开斯特的亨利花了3.5万英镑建造它，其造价相当于整个英格兰军队四个半月的开支。英格兰当年入侵法国，通过暴力手段掠夺了大笔资金，建造了这座宫殿，现在，这座宫殿也被同样的暴力方式摧毁。叛乱分子到达萨沃伊宫后，在大厅里架起了一个火堆，把包括金银在内的所有东西都扔进火里。他们毁掉的一个床头板就价值1000马克，大约相当于今天的65万美元。尽管他们肆无忌惮地破坏，但叛乱领袖却禁止任何人偷藏宫殿里的东西，一名男子想要从公爵的衣柜里偷拿银杯时被抓住，然后就被扔进了火中。

不知何时叛乱分子发现了一个木桶，以为里面装的是金银，就把它扔进了火里，然而不幸的是，这是一桶火药。火药引发了剧烈的爆炸，造成宫殿部分倒塌。有30个叛乱分子发现了酒窖，当爆炸发生时，他们已经喝得酩酊大醉，最终被困在燃烧的宫殿里没有人来救他们，他们在那熬了一个多星期后死去了。

国王现在决定与叛乱分子再次会面，地点定在了伦敦东部的麦尔安德（Mile End），这次的谈判结果更加糟糕。叛乱在这个时候已经发展到了一发不可收拾的地步。国王这次见到的暴民比在布莱克希思见到的更加声名狼藉。英格兰东南地区的农场工人此时也加入了反叛队伍，他们内部斗争不断，在一次争吵中，一个乡下人在麦尔安德附近用刀刺死了一名肯特郡男子。

然而，农民这次提出的要求相当合理，这些要求基本可以结束农奴制，将租金限制在每英亩4便士，通过签约劳动，否则不可以强迫农民工作——这个计划并非无法想象。

理查二世同意了农民的全部要求，但他犯了个错误。理查说农民也可以自主抓捕"叛徒"并把他们带到他身边。这是一个可怕的错误,因为农民以为他们可以自由攻击任何被他们宣布为叛徒的人。对于愤怒的暴民来说,"叛徒"这一词的定义十分宽泛。因此,曾经存在的全部约束现在都消失了。

此时,大多数重要人物都躲在伦敦塔里,但他们再也躲不下去了。暴民们获许进入塔内,发现坎特伯雷大主教西蒙·萨德伯里(Simon Sudbury)正在祈祷,托马斯·沃尔辛厄姆写道:"这群大不敬的狂徒对西蒙下了狠手,将他从教堂里拖了出来。"他们追着他穿过大厅和国王衣橱,偷走了厨房、卧室和军械库里的所有东西;在王太后的房间里,他们砸碎了家具,剪碎了她的床单。他们羞辱琼安王太后,强迫她亲吻闹事者。琼安惊恐至极,吓得昏了过去;在一片混乱之中,她被带到一艘船上掳走了。

其他人就没那么幸运了,财政大臣罗伯特·黑尔斯(Robert Hales)、冈特的约翰的医生、大金融家理查·里昂斯爵士(Sir Richard Lyons)和约翰·莱格(John Legge)这些提出征收人头税的人都被斩首了,他们的头被插在长矛上,在城市里游行。萨德伯里大主教差点成功脱逃,但一个"坏女人"发现了他,最终这位大主教被人胡乱打了八拳后死了。他第二次摔倒时还活着,还可以摸到自己的伤口。

国王14岁的堂兄德比的亨利(Henry of Derby)是冈特的约翰的儿子,他也躲在塔里。他原本是活不下的,但是摧毁萨沃伊宫的暴乱者之一约翰·费罗(John Ferrour)居然动了恻隐之心,把他藏了起来,救了他的命。

如今，冲突全面爆发，人们纷纷开始了报复行动。罗伯特·艾伦爵士（Sir Robert Allen）是个鱼贩，他让肯特郡的一些叛乱分子袭击了他的一个对手；一群暴徒差点烧毁了市政厅，因为一个叫沃尔特·艾特·凯（Walter ate Keye）的酿酒商想找到一本《禧年书》（Jubilee Book），据说是本债务簿。在南华克看守王座法院监狱的理查·伊姆沃思（Richard Imworth）也是攻击目标之一，人们称他为"无情的折磨者"。伊姆沃思躲在忏悔者爱德华的墓旁，以为这样就不会被抓，但丝毫不起作用。这群暴徒甚至杀害了一位仆人，他名叫格林菲尔德的约翰（John of Greenfield），只因有人偷听到他"赞扬已被杀死的冈特的约翰的医生威廉·阿普尔顿（William Appleton）以及其他被叛乱分子杀害的人"。

在伦敦桥上，他们烧毁了市长名下的一家妓院。农民的发言人发誓要杀掉"所有他们能找到的国王的律师和仆人"。他们突然开始攻击外国人，35名生活在伦敦的佛兰德商人被害，这也许是整场农民起义中最惨无人道的事件。他们要求佛兰德人说"brede and chees"（面包和奶酪）——这是一种发音测试，是在大屠杀中识别外国人的一种常见方法，可以追溯到典籍中基列人（Gileadites）识别以法莲人（Ephraimites），因为以法莲人无法说出希伯来语的"shibboleth"。1272年，在"西西里晚祷"①期间，法国人

---

① 西西里晚祷（the Sicilian Vespers），西西里人反抗法国人统治的武装叛乱。——译者注

因不能说出西西里语中的"ciciri"一词而被揪了出来。

暴乱者销毁了他们能找到的任何能证明农奴身份的文件。据《圣公会历史》(*Historia Anglicana*)记载:"他们拼命烧掉所有以前的记录,他们屠杀任何可能知道或能够记住新旧文件内容的人。若是被人知道是一个文书,处境就会变得十分危险,若是在胳膊肘处发现墨迹,更是难逃一死,这样的人几乎或从来没有从叛乱分子的手中逃脱过。"

托马斯·沃尔辛厄姆说:"叛军在教堂、公墓、道路、街道、房屋和田地里犯下了其他大大小小的罪行,不胜枚举,造成一片混乱……大肆破坏了一天后,他们终于精疲力竭,毕竟耗费了太多的力气,又喝了不少的酒。因此到了晚上,在街上、墙根下,随处可见呼呼大睡的暴徒,像一群被屠宰的猪。"这群暴民最好的一点就是比起更恐怖的扎克雷叛乱分子,他们要克制得多。

"我们和他们"

现在,东部的赫特福德郡(Hertfordshire)、剑桥郡、诺福克郡和萨福克郡(Suffolk)都爆发了起义,各种叛乱分子在乡村四处横行。[10]圣埃德蒙兹伯(Bury St.Edmunds)里有一个叫约翰·沃瑞(John Wrawe)的律师心怀不满,率领一群暴徒对所有律师和牧师展开追杀。在剑桥郡附近,镇民威胁学者放弃特权,否则就杀了他们;在另一所学校,如今的女王学院(Queen's College),暴徒洗劫了图书馆,杀害了大学校长,在小镇广场上烧毁了所有的书,一位当地妇女高喊着"让文书们的学问滚走吧"。城市精英一向憎恨大学里的人,他们全力支持叛乱分子,甚至连市长也参与了进来。[11]

沃瑞在剑桥、伯里和伊利(Ely)一带活动,勒索抢劫、杀人放火。他们一伙人在莱肯希思村(Lakenheath)砍掉了王座法庭的首席大法官约翰·卡文迪什爵士(Sir John Cavendish)的脑袋,并将他的头颅和当地修道院院长——剑桥的约翰(John of Cambridge)的头颅一起放在伯里闹市的刑台上。两个人的头插在木棍上,在一场恐怖的木偶戏演出中被摆成了接吻的姿势,村民们都被逗得哈哈大笑。

造成这次起义的原因除了经济困境外,还有一个浪漫的民族主义因素,即回归盎格鲁-撒克逊时代,这一崇高愿景激励了许多农民。这是一个人人自由平等的时代,是一个遵循平等主义的黄金时代——但这一时代仅存在于人们的幻想中。一直以来的传统思想认为,在1066年诺曼入侵以前,英格兰是自由进取的,诺曼入侵后造成了"我们和他们"的分裂。但这一说法忽略了在诺曼入侵前有多达四分之一的成年人是奴隶的事实,而且一个盎格鲁-撒克逊农民的大部分生活都是无比悲惨的。

然而,这群暴民认为教会隐藏了英格兰其实存在更古老、更公平法律的证据,这部法令他们以韦塞克斯旧都为名,称之为《温切斯特法令》(Law of Winchester)。[12]这种法律结合了平等主义和荒谬的独裁主义,十分吸引人。显然，暴徒们呼吁所有村民共同维护和平，"严厉惩罚所有罪犯"。用法律的话来说，"罪不可赦，违法必究"——这样直白的社会令14世纪的村民十分向往。

在伦敦北部的圣奥尔本斯（St. Alban's），叛乱分子袭击了修道院，他们认为这位修道院院长拥有奥法国王在8世纪授予的宪章，宪章里面"美丽的金色和蓝色的字母写着他们以前的自由和权利"。在一股脑烧掉修道院的所有合法宪章后，他们要求修士们交出有关《温切斯特法令》的文件证明。

尽管没有证据证明这部法令存在或者说它曾经存在，但是叛乱分子在周六给修士们发了最后通牒，要求他们下周必须交出奥法的文件。修士们无法说服这群暴徒让他们相信文件根本就不存在。到星期天早上，修道士们都惊慌不已，他们的院长也不知所措，"暴徒要求提交有关这部神秘法令的实物证明，他也无可奈何，就好比暴徒让他给独角兽套上马鞍一样无能为力"。[13]

修士们准备逃命，来自沃特福德（Watford）、卢顿（Luton）、巴尼特（Barnet）、里克曼斯沃思（Rickmansworth）等附近村庄的人也加入了逃命队伍。这时有人传言伦敦的暴乱已经被镇压以及瓦特·泰勒已经被处死。传言经过核实后，这些人才放下心来。大多数乡下暴民们都陆续解散，留下来的人也开始规矩起来。

再来看伦敦城里发生的事。叛乱分子要求废掉所有贵族制度——在14世纪提出这个要求是十分愚蠢的。根据他们的计划，除了一个坎特伯雷大主教这一个高级教士，其他的主教都是多余的（有趣的是坎特伯雷大主教的位置当时是空着的），而且除了基本必需品之外，所有牧师的土地和财产都将分配给教区的民众。叛乱分子的实权领袖瓦特·泰勒吹嘘说，四天后，英格兰所有的法律都由他来颁布。

理查二世同意在城外的史密斯菲尔德会见叛乱分子领袖。泰勒原是一个来自达特福德（Dartford）的普通劳动者[14]，他在与国王见面时用手指着国王，表现出极大的不尊重。即便是现在这个动作也很粗鲁，在当时更是难以想象的，尤其是在男人通常都携带武器的时代。泰勒还故意粗鲁地直接对着壶嘴喝水，他还在国王面前吐口水，以此侮辱国王。泰勒对国王步步紧逼，他骑的"马的尾巴就在国王的马的鼻子下面"，行为极具冒犯性。

这个肯特人提出了一系列要求，包括把教堂的土地重新分配给穷人，并要求"人人平等"。这就像是一个14世纪的封建君主要促成左翼改革一样，即使按照当今的标准，其成功的可能性也微乎其微。

接着，这位农民领袖给在场的每一个人都点了一杯啤酒，但是当国王的一个手下嘟囔着说泰勒是"肯特郡最大的小偷"时，泰勒拔刀相向。出于对国王安危的担忧，曾是鱼贩的威廉·沃尔沃斯（William Walworth）市长拿出了自己的武器——一把短剑。泰勒先刺向了沃尔沃斯，但是沃尔沃斯身穿盔甲，于是他刺了回去，并称泰勒为"臭气熏天的恶棍"。[15]泰勒最后栽倒在地——但随后,有人喝酒时发出很大的声音,听起来十分恼人。

暴民似乎被眼前发生的景象惊呆了,甚至忘记了生气。理查二世保持住了冷静,命令暴民跟着他去史密斯菲尔德,并说自己是他们的"首领"。与此同时,官府终于拉起一支由伦敦居民组成的武装队伍,准备怀着现代军事学所称的"极端偏见"镇压暴乱分子。此时这些暴乱分子正集中前往史密斯菲尔德,他们被武装人员包围,变得不知所措,也无心提出激进的要求,他们乞求宽恕、想要回家。国王安抚了暴民,并发放了安全通行证,还结束了人头税的征收。出于某种原因,叛乱分子仍然十分相信国王是站在他们一边的。

泰勒受了重伤,奄奄一息,被送往附近的圣巴特医院。为了确保万无一失,沃尔沃斯来到医院,把浑身是血、生命垂危的泰勒从床上拽了下来,将他架在一片田地里,然后砍了他的头。

与此同时,诺维奇(Norwich)的主教亨利·德斯潘塞(Henry Despenser)解决了东安格利亚爆发的起义。这位衣冠楚楚的主教是个为了利益不择手段的人。德斯潘塞是爱德华二世宠臣的孙子,年轻时曾是教皇的军事指挥官之一,他最后如何进入教会的至今还是个未解的谜题。德斯潘塞召集了一群武装人员——一些弓箭手和骑兵——前往彼得伯勒。在那里,他像"一头愤怒的野猪一样投入战斗,颇有一番与敌人同归于尽的架势"。[16]叛乱分子躲在教堂里,但是这位主教无视教堂作为避难所的规定,屠杀了所有人并亲自处决了叛乱头目。

一贯强硬的亨利·奈顿引用福音传教士圣约翰的话,赞许了德斯潘塞的做法:"要用铁棒统治他们,然后像打碎陶器一样击溃他们。"

随着叛乱分子的撤退,对叛乱的清算也随之开始。在埃塞克斯郡,国王做了一次威严可畏的演讲,他说:"你们这些陆地和海洋上都容不下的可怜虫,妄想和主人讲平等,还不如去死。把这条消息告诉你的同党:你们过去是农奴,现在是农奴,将来也永远是农奴。将来我对你们比先前不知要严酷多少倍。我将永远奴役你们,让你们做牛做马,以警后世!"这就是沃尔辛厄姆对他的记录,但它与一项证据相矛盾:在年底大多数下院议员都要求杀人时,国王却心软得下不了手。

理查二世号召东南地区效忠国王的自由民来帮助他,他征集到4万名志愿者,展开了残酷的镇压行动。数百名叛乱分子在返乡途中遭到屠杀。约翰·鲍尔在考文垂(Coventry)被捕,最后在国王面前被处决,沃尔沃斯则因表现出色而被授予了爵位。

1381年7月至9月,当权者为了报复农民起义,在全国杀死了1500至7000人。在剑桥郡,诺丁汉郡的约翰·雪利(John Shirley)赞扬约翰·鲍尔是个"真实、可敬的人"这话被人听见,立即被绞死了。新任坎特伯雷大主教威廉·库特涅（William Courtenay）是个强硬派，他采取的行动是让6个农奴拿着稻草在教堂周围公开游行，因为这几人曾偷偷地给他送去过干草和稻草，害怕被别人看见；人们期望将来农奴能够喜欢农奴制度。

尽管发生了这场动荡，但人头税还是在1497年再次启动了，这又引发另一起叛乱。幸运的是，之后没人再启动过人头税！[17]

然而，人头税对历史学家来说是一项有用的记录，它会记录下一些有趣的事情，比如人们给孩子起名时毫无想象力的现象。据谢菲尔德的统计显示，33%的男性取名为约翰，19%的男性取名为威廉，这很常见。它还为后人记录了一些有趣的中世纪姓氏，要不是有这些记录，这些姓氏就丢失了，比如威廉·猫脸（William Catface）、威廉·两岁（William Two yer old）、玛格丽特·十岁（Margaret Tenwynter）、亨利·无畏（Henry Neverafered）、威廉·正直（William Standupryght）等。[18]

虽然农奴制在下个世纪基本消亡，但起义可能并没有对这一制度的废除产生多大帮助，反而引发了更专制的回应，让统治者对农民的态度更加强硬。统治者制定了许多恶毒的法律，下议院甚至试图禁止村民送孩子上学——但被国王否决了。1390年，一个全由地主组成的议会通过了一项法律，规定普通教徒拥有地产年产值不足40先令，而且养猎狗或用雪貂、陷阱捕捉鹿、野兔、兔子或其他任何猎物，将处以一年监禁。议员表示狩猎"是绅士们的运动",与此同时,惩罚偷猎的法令变得更加严厉。

农奴制由于经济原因而渐渐被废止,不过人身依附制度在14世纪并没有完全结束。婚姻捐、财产继承税和离庄税保留的时间更长,法律上最后一次提到农奴是在1586年的一场法律纠纷中,"甚至在19世纪,佃户依然受到有关采邑事务的烦扰"。这些封建税项在1922年才被正式废除。[19]

ENGLAND IN THE AGE OF CHIVALRY... AND AWFUL DISEASES

第10章
大分裂

The Hundred Years' War and Black Death

精神的崩溃

约翰·鲍尔是罗拉德派(Lollard)中的一员。出生于约克郡的神学家约翰·威克里夫在后瘟疫时期情绪低沉,创办了罗拉德派。当时,不乏有人反对当局的权威宗教。

那时,英格兰教会受到瘟疫的重创。在一些地区,多达三分之二的教士死于这场瘟疫,这很大程度上是因为他们照料病人而接触感染。[1]医生同样死伤惨重:在佩尼皮昂(Perpignan),约每八个医生中只有一个幸存下来。到1381年,加之教士数量普遍减少,位于约克郡的里瓦尔克(Rievaulx)西多会修道院在任神职人员的数量从400名锐减到了18名。北安普敦郡(Northamptonshire)的伍索普修道院(Wothorpe Priory)由于在瘟疫过后只剩下一名幸存的修女,不得不解散,很多其他的小修道院也遭遇了这种命运。

尽管教士们在瘟疫中都遭受了不同程度的打击,但并不是所有人都对此感到极度的悲伤。奈顿痛苦地写道:"英格兰阿维尼翁奥斯汀修道院人员全部遇难,却无人关心;

在马赛，150名弗朗西斯科人也无一幸存，他们的悲惨遭遇无人知晓，无人为其祷告。"他还补充说，在马格隆新城（Maguelonne），160名男修士中只有7人活了下来——"这已经是奇迹了"。奈顿还称没有人意识到阿维尼翁的66名卡斯提尔人同样是死于瘟疫，因为人人都"觉得这些修士是死于互相残杀"，尽管这似乎不太可能发生。

大瘟疫结束后，人们迫切地需要神职人员，所以几乎任何人都能得到这份工作。1349年，教会宣布每个人，包括女性，都可以给死去的人进行临终祷告。因而，在一些地区，难免会有人自己安排临终仪式，他们实在不愿付钱聘用专业人士。

尽管许多神职人员已经死了，但是人们对那些擅离职守（可以理解）的神父感到愤怒。大批的瘟疫感染者身上散发着腐臭味，一些神父没有履行他们作为临终床前陪伴者的职责。人们同样对传闻中这些神职者的生活颇为不满，尽管这一问题饱受争议，并在之后的派系纷争中变得扑朔迷离，但有证据表明教士们确实过着不错的生活，法医考古学也显示在教士们日常的卡路里摄取中，酒精占19%，而现今这一数值平均只有5%，并且当时有些教士每天消耗的热量高达7000卡路里。[2]

梵蒂冈地区确实存在不正常的现象，尤其是在神职工作的任命上：贵族的子孙往往在18岁就担任大主教一职；在14世纪早期的波希米亚，7岁的男孩就可以到一个利润丰厚的教区任职。此外，还有公然使用金钱来买通教会赦免的现象：意大利银行家们在教皇宫殿里大显神通，人们通过他们支付一定的费用可以使孩子的出生合法化、可以同表亲结婚……而所有这些本该是被禁止的。

国际局势动荡不安，充斥着不确定性和暴力倾向，在瘟疫中滋生的反教会情绪席卷了整个欧洲。在1372年的德国，由于教皇格雷里十一世宣布征收新的什一税——一个许多教士拒绝缴纳的税种，教皇的税吏便"被抓住，遭受了断肢、关押甚至勒死"等迫害。在德国一些教士生活拮据，因而他们离开教会或者在小酒馆做兼职补贴收入。

在英格兰，反抗教士的暴力行动也愈演愈烈。1349年12月，一帮"拿着弓箭、铁棍和其他武器"的暴徒在约维尔（Yeovil）袭击了什鲁斯伯里大主教拉尔夫。对峙持续了一整晚，直到第二天一群虔诚的教徒赶来打败了这60位不法之徒。同年，伍斯特的市民闯进圣玛利亚修道院用弓箭射杀修士，更试图一把火烧掉整个修道院。

在这种环境下，罗拉德派崛起了。过去也曾有过其他教派：1166年，大约有20位反对弥撒和圣事圣洗的异教徒在英格兰开始活动，他们随即被打上烙印，最后冻死在寒冷的冬日。但在英格兰从来没有像凯撒耳派（Cathars）这样的教派。这一来自法国南部的组织戒律森严，他们认为世间万物都是邪恶的。

威克里夫是牛津的学者，他批评了神职人员的权力过盛和行为腐败，认为任何虔诚的信徒都可以拥有与神父相同的宗教权力，而且教会的等级制度并不能解决人们的"救赎"问题。威克里夫认为普通人应该自己阅读典籍，而不是从神父口中了解教义。起初，（对教会来说）威克里夫只是有些令人讨厌，但之后，他成了一位危险人物。他的追随者被称为罗拉德派——这一词语来源于荷兰语，指称那些巡回的传教士，同时它还形容人说话含糊不清，因为这些传教士嘴里总是咕哝着经文。大多数罗拉德派的信徒住在距伦敦60公里以内的地方，而这一片异教集中的地区在一个半世纪后也成了新教的集结地。

威克里夫的主要观点首先是：教会拥有的钱太多，并且越来越注重物质财富。1410年，经计算，英格兰教会的财产足以让15人成为伯爵，1500人成为骑士，6200人成为乡绅，可以救助100个济贫院，资助15所大学和1.5万名神职人员，完成这些事后，教会还可以剩下一笔钱。一些贵族支持威克里夫从教会掠夺财富的观点，出于对钱财的贪婪，他们认同威克里夫。威克里夫更是得到了冈特的约翰的庇护，正是冈特的约翰在1376年将威克里夫带到了伦敦传道并主张向教会征税来增加王室收入。

然而在1379年，威克里夫的支持者们却因他攻击圣餐变体论而全都被吓跑了（变体论认为在弥撒中，圣餐的祝圣饼和酒会转变为耶稣的血和肉）。威克里夫的做法是极端异教的体现。他的反对者称他为"邪恶的存在"，不过这样的侮辱听起来无关痛痒，但当他在此基础上又挑战教皇的权威性时，他便遭到了抨击，成了"异教第一人"。1381年的暴动震惊了支持威克里夫的富人们，尽管事实上这场暴动并不是由罗拉德派所挑起的，但由于它同样挑战官府的权威而激起了愤怒，所以这一事件也算到了异教的头上。之后在1382年，威克里夫写了一本英文《圣经》，很长时间以来从未有人这么做过。把《圣经》翻译成本国的语言本身并不违法，之前也有过一些英文版的《圣经》，但英格兰教会希望能控制《圣经》。和所有宗教文本一样，信徒们可以根据自己对道德和政治立场来解读《圣经》，因而《圣经》的解读多种多样，但这会导致对《圣经》片面、不实的解读。狂热的业余《圣经》爱好者也有很多糟糕的翻译。

教会是一个非常强大的敌人，它不仅操控人的精神，还控制着学校、医院、穷人的福利甚至精神病院。伯利恒（Bethlehem）是伦敦主教门大街（Bishopsgate）的一家医院，成立于1377年，当地人在星期日去那里嘲弄精神病人来打发时间。只需一便士，你就可以观察他们的囚室，甚至拿棍子去戳他们——一个月中只有一个星期二是免费的——在这种情况下，精神病人的病根本无法痊愈。

1384年，威克里夫平静离世。然而，罗拉德派被指控为异教，其教徒于1401年被绑在树桩上烧死——这一酷刑那时刚刚问世，专门用来惩罚那些反对圣餐变体论的人，也由此揭开了长达两个世纪的信仰偏执和信仰狂热。1415年，威克里夫的尸骨甚至又被挖出来焚烧。同年，波希米亚的异教徒扬·胡斯（Jan Hus）也遭受了火刑（但不幸的是，他是在活着的状态下遭受火刑的）。在中欧，胡斯领导了一场胡斯派（Hussites）运动。镇压这场暴动时，教会首次动用了火枪。最终，教皇令人将胡斯的骨灰撒在了河里。

在那个时期，天主教会似乎出现了一种集体性的精神崩溃——即教会分裂（Schism），因而把胡斯的骨灰撒到河里并没有什么帮助。从14世纪70年代开始，出现了两个对立的教皇，他们彼此开除教籍，敌意满满。

1378年，教皇格雷里十一世去世，在罗马的"暴力活动和恐吓环境"[3]下，一位接任者诞生了。人们选择了当地的巴尔托洛梅奥·普里尼亚诺（Bartolomeo Prignano）接任教皇的位置。他是一个新手，从未当过枢机主教，但当时有一股势力主张让统治集团外部人员担任教皇，而不是枢机主教。

两个教皇

这位新任教皇——乌尔班六世——表现相当一般，令人大跌眼镜。巴巴拉·塔奇曼（Barbara Tuchman）写道："乌尔班是一个平淡无奇的官员，他在毫无准备的情况下登上了教皇宝座，但一夜之间他也成了圣职买卖勾当的死敌。乌尔班仇视圣职买卖，与其说是出于其宗教虔诚，倒不如说是出于对拥有特权之人的仇恨和嫉妒。"他攻击枢机主教，认为他们"不务正业，生活奢侈"，乌尔班还"毫不顾及形象地训斥这些人",他的脸色铁青,沙哑的声音中充满了愤怒。乌尔班粗暴打断枢机主教的话,大声嚷嚷着:"你们这群人!闭嘴!"

当枢机主教们来向他致敬,他却说他们已经抛弃了自己的教众;偿还罗马教廷的欠款时,他对财务官说:"让他们把钱留给自己,让它与他们一同灭亡吧。"乌尔班称一名枢机主教愚笨,还试图殴打另一名主教,但被旁人制止了;他公开指责一名枢机主教腐败,尽管这枢机主教可能真贪污了,但乌尔班不应该毫不客气地说出来。

教皇本该远离世俗政治,但乌尔班却宣称那不勒斯王国治理不力,因为其统治者女王乔安娜是一名女性,他还威胁说要将她送进女修道院。不久后,一些主教(大多数是法国人)宣布乌尔班的当选无效,因为这是在罗马"人心惶惶,风雨飘摇"而他们又"提心吊胆"时所做的决定。在一份宣言中,反叛的教士们公开表明强行当选教皇的乌尔班是一名"反基督者,他叛教、罪恶、暴虐,谎话连篇"。这些反叛教士逃到了法国,导致了教派分裂,出现了两个教皇,分别控制着罗马和阿维尼翁。

然而,他们选择的这位"对立教皇"却更加怪异。14世纪最著名的一件事——切塞纳大屠杀(Cesena massacre)——发生于1377年。当时,在意大利的一次城市动乱(即富有诗意名称的"八圣王战争")中切塞纳市民杀害了法国枢机主教康布雷的罗伯特(Roberto of Cambrai)

的士兵，随即罗伯特与雇佣兵头目约翰·霍克伍德（John Hawkwood）签下了合约。罗伯特称，如果市民放下武器，那么他就赦免他们，但就在市民们真正放下武器之后，罗伯特却叫来了正在法恩莎（Faenza）施暴的霍克伍德，并令他屠杀切塞纳的所有人。

这种行为连约翰·霍克伍德都觉得过分，但主教罗伯特却要"杀更多的人"。8000名市民被杀害，16000人四处逃窜，鲜血将河流染成了红色，包括24名修士在内的会众一起在教堂的主祭坛前惨遭杀害。霍克伍德对整件事感到些许震惊，他将1000名女性送去了里米尼（Rimini）避难。[4]因此当反叛的主教们来到阿维尼翁参加教皇选举时，他们全部投了枢机主教罗伯特的票，正是他出资举行了这次选举。罗伯特从达勒姆的一个主教辖区那里筹集了选举所需的资金，然而他并没有去过那一辖区——这种行为触怒了罗拉德派。"切塞纳的刽子手"这一称呼取代了克莱门特（Clement）①这一极其不合适的名字，而教派分裂在西方的基督教世界持续了几十年之久。

人们越来越反感乌尔班，不久便有人密谋想要将其软禁，但乌尔班得知了这件事，逮捕了与此事相关的6名枢机主教。这几人饱受折磨，乌尔班一边听着他们的惨叫声，一边在关押几人的牢笼外大声诵读祈祷文。最终6人之中有5人被处死，还有一个人是英格兰人，他因理查二世的介入而幸免。

---

① "Clement"在英语中意为"温和的"。——译者注

形势变得越发混乱。每个基督徒都至少被一位教皇判处了死刑(在一些地区还任命了两位主教,每位都宣称对方亵渎神明)。佛兰德的统治者们与克莱门特站在一边,乌尔班派的一些人离开了原辖区,搬到了新的主教辖区。圣丹尼斯的教士哀叹教会在当下任人摆布。正如当时一个流行的说法所指出的那样:"自教会分裂开始,没有人进入过'天堂'。"

后瘟疫时期似乎充满了对信仰的狂热。诺福克郡的玛格芮·坎普(Margery Kempe)曾酿过啤酒,磨过玉米,她后来成为一个神秘的"职业信仰狂热者"。她头缠金线,身披剪破的斗篷以展示自己的信仰,她会大声哭喊,声称神明附体,从而惹怒朝圣者。"如果给玛格芮·坎普展示十字架,她会昏迷过去;若是她觉得神明就在眼前,她便不由自主地发出尖叫声。她在大众面前哀声痛哭,在布道时悲泣,在餐桌上她也不停号啕大哭。"[5]约克大主教见过她后,下令让人用5先令"打发她走,走得越远越好"。

在法国,信仰狂热催生了像皮埃尔·德·卢森堡(Pierre de Luxembourg)一样的人。6岁时,皮埃尔"宣布放弃情欲",还强迫他12岁的姐姐这样做。他曾"斥责胞弟发出笑声,因为根据经文所说,主哭过,但没有笑过";8岁时,皮埃尔到巴黎上学,在那里,他坚持禁食等自虐行为并要求加入塞莱斯廷派(Celestin Order)——这个派别在当时因极其严厉的苦行主义而盛极一时。但皮埃尔的年龄太小,达不到要求，于是他冲进塞莱斯廷修道院，穿好祭服躺在地上，准备午夜祈祷；9岁时，他终于成了一名教士；15岁，他当上了主教；到了16岁，他已是枢机主教，过着清心寡欲的生活。大多数时间，皮埃尔都在独自祷告或者是在本子上记录下自身的罪行并每天忏悔两次。有时候，皮埃尔会半夜敲门来做忏悔，但他的牧师会假装睡觉。1387年，这个可怜的人因过度严苛而英年早逝。按着他自己的要求，人们把他埋在了贫民公墓。皮埃尔死后，据说曾"显灵"达到1800次。

1383年，乌尔班六世组织了抗击竞争对手的十字军东征，在整个欧洲引发了混乱。法国承认克莱门特，而英格兰支持是与克莱门特对立的乌尔班六世，因此主教亨利·德斯潘塞领导了一场针对法国的十字军东征，但最终以失败告终。四月，亨利·德斯潘塞率领着2000人在加来登陆，但他手下一半的人（约2500人）不愿再跟着这位"放肆且傲慢无礼的年轻教徒"去打仗，所以，他只好打道回府。人们把这次事件看成是"英格兰史上最大的耻辱"，它也是14世纪英格兰对法国发动的最后一次入侵。[6]

ENGLAND IN THE AGE OF CHIVALRY... AND AWFUL DISEASES

第11章
另一个伊甸园

The Hundred Years' War and Black Death

为何而战

与此同时战争仍在断断续续进行着,尽管人们几乎已经记不得为什么打仗了。王室中年轻国王主导的和平派与国王的叔叔伍德斯托克的托马斯主导的主战派之间存在分歧。理查二世厌恶这类冲突,因为冲突意味着要分给议会一定的权力才能筹措军费,按照当时的标准,理查已经算是非常温和,他不愿再为议会而让步。伍德斯托克及其同伙反对和平,他们"更爱打仗,战争已经成了他们的日常生活"。换句话说,除了打仗,他们什么也不擅长。

1380年,法国一位新王继位——12岁的查理六世(1380~1422年在位)。6年后,查理六世被说服发动有史以来最大规模的入侵英格兰的战争。一支庞大的法国军队聚集在斯鲁伊斯附近,将士们时刻准备"为死去的父母朋友报仇雪恨"。

1386年4月,法国厉兵秣马,筹备横跨英吉利海峡的大型舰队。查理六世的叔叔勃艮第公爵对他说:"你是最伟大的国王,拥有最多的臣民",他们将"使这件伟大的事业永垂青史"。这次入侵本应是"上帝创世以来"最大的一次战争,然而事实上从来没有人听说过它,因而也就说明这次战争又是以悲剧收场的。

伦敦民众仿佛"酒醉发狂",他们极度恐慌,拆除了城郊房屋为防御敌军做准备。他们还疯狂地花钱,认为法军一来就会抢走所有的东西。一支军队集结完毕后却没人支付报酬,于是他们大肆洗劫抢掠,给伦敦造成的伤害超过任何一群法国士兵,而北方军队又不值得信任,所以英格兰人不让他们过来保护南方。

法国的计划是带领一支庞大的军队进攻英格兰,其中包括4万骑兵和乡绅,6万步兵和5万匹战马,虽然这有夸大的成分,但它的规模的确不小。法军为这次征战购买了约1200艘船、20万支弓箭、1000磅火药、138个石炮弹、500个用来撞毁敌船的撞角以及一些火焰投掷器。就规模而言,此次入侵装备足以使1066年的那次入侵相形见绌。

一位法国宫廷诗人尤斯塔奇·德尚(Eustache Deschamps)唱道:"英格兰将属于你们。"这位诗人相貌古怪,人称为"丑陋之王",传言中他有着野猪似的皮肤,猴子般的脸,他还说:"在诺曼人曾经征服过的地方,勇士们将会再次乘胜而战。"

然而法国的这次入侵必须要在国王的叔叔贝里公爵(Duke of Berry)到来之后才能启动。贝里公爵已经很久没有出现在人们的视野里了，他是贵族衰落的缩影。和艺术比起来，贝里公爵对战争并不感兴趣。他将大笔钱花在艺术作品上，其中一幅作品描绘了他在走向天堂时与圣彼得聊天的情景。他所有的艺术品存放在他的19处房产中——2套在巴黎的市内住宅以及17座城堡，和这些作品放在一起的还有无数的钟表古币、镶嵌画、乐器、镶有珠宝的十字架以及各种文物。贝里用金银镶嵌的水晶牙签吃草莓，在象牙烛台的光下读书，他的家里还养了1500只狗。贝里是一个爱好广泛的人，他并不擅长打仗，对于女人，他曾说过："女人越多越好，但我永远不会对她们说一句真话。"

10月14日，这位公爵最终还是到达了斯海尔德（Scheldt）的港口，他们将在这里发起进攻。这时，白天越来越短，天气越来越冷，冬天海况本来就糟糕的英吉利海峡越来越风急浪大。与此同时，载着相当于一座城市物资的72艘船航行在大海上，在从鲁昂去往斯海尔德的路上遭到了英格兰战舰的袭击，其中3艘被扣押。

圣丹尼斯大教堂的一位教士曾为入侵英格兰的这次战争祈祷，但如今他却预言着一些坏兆头。贝里公爵抵达港口的第二天便赶上了糟糕的天气，滔天的巨浪"如山一样高"，摧毁了许多战船。到了11月，150艘船的船长认为此时不是入侵的时机，因而所有的军事计划都被取消了，贝里公爵受到广泛指责。

这位公爵后来差点被诡计多端的贵族坏查理毒死。不过在坏查理最后一次谋害别人之后，他自己也遭到报应，"死状凄惨"，享年56岁。当时，为了退烧，坏查理把自己裹在浸过白兰地的衣服里，但一天晚上，一名手持蜡烛的仆从靠近他的时候，不小心点燃了他的衣服。坏查理在熬了两个星期之后一命呜呼了。

当时英格兰宫廷的政治状况也很不乐观，年轻的国王被主要贵族的阴谋诡计逼得几乎要疯掉。最终，他的妄想症逐渐演变成一种实现自我满足的方式。理查二世降生于加斯科尼，他的父亲是一个十分不讨这里人喜欢的国王。理查在很小的时候来到英格兰，之后便住在肯宁顿宫。他的童年在孤独中度过，长大后其信任的人屈指可数，其中就包括两个同母异父的哥哥——约翰·霍兰德（John Holland）和托马斯·霍兰德（Thomas Holland）以及年长一些的牛津伯爵罗伯特·德·维尔（Robert De Vere）。德·维尔掌控着国王，"即使他指着黑色说那是白色，理查也不会反驳他。他安顿好了所有事物，没有他，什么都做不成"。一位对国王持批评态度的编年史家说，理查喜欢整晚和朋友们混在一起，场面不可描述。"这不可描述"究意味着什么，没人知道，但有一点可以确定的是，这位喜欢艺术、体格孱弱的国王跟他那些体格健壮、头脑简单的亲戚们毫无相似之处。

1384年，理查二世与法国讲和，但在次年他又被迫下令入侵苏格兰，只因为这好像是国王应该做的事情。然而，他的敌人早已迫不及待，想要重启战争，并且认为理查毫无男子汉气概。理查喜欢穿衣打扮,他最喜欢的是那件缝有银色扇贝壳和贻贝壳的白色缎袍。沃尔辛厄姆提到理查时说:"这位国王身边聚集着'维纳斯骑士',这些人在寝宫里比在战场上表现得更英勇。"沃尔辛厄姆所描述的可能是真实存在的事情。历史上,甚至在诺曼时期,诸如此类对王室堕落的抱怨比比皆是。

在某些方面,理查走在了时代的前端。他的朋友西蒙·伯利爵士(Sir Simon Burley)对他产生了极大的影响。西蒙·伯利是理查母亲的亲戚,在理查身边扮演着父亲的角色,让这个年轻人不至于孤立无援。西蒙赠给这个年轻人很多书,其中一本是《德雷塞尼原则》(*De Regimini Principum*),这本书为13世纪罗马的一位主教贾尔斯(Giles)所著,它向理查传递了一个新理念,让理查对于国王的"神圣权利"有了新的认识,可惜这对这个小男孩也造成了巨大的负面影响。

"国王理查高度敏感,清心寡欲;他沉溺于自我欣赏,穿戴讲究,认为自身的尊严无上崇高;但他并没有什么魅力",正如一位历史学家所说的那样,[1]他的性格"不成熟,以自我为中心"。[2]他身高6英尺,鼻子尖尖,一张圆脸;激动时脸一下子就变红了,说话也变得结结巴巴;他还遗传了家族的坏脾气,曾对坎特伯雷大主教拔剑相向,差点杀了他。

随着年龄的增长,理查的行事方式更像是一位高贵的电影明星。他追求精致,随身总带着一块手帕——他是已知的第一个随身带手帕的英格兰人。理查穿着印有字母"R"的紫色束腰外衣,这又为其增添了一丝陈腐的贵族气质。他也是第一位使用"我们"(we)这个神圣字眼的国王。理查不让别人用之前的"我主"(my lord)这样的叫法称呼自己,而要求别人叫他"殿下"(highness)、"陛下"(majesty)、"尊敬的国王"(your high royal majesty),甚至是"至高无上的君主"(most high and puissant prince)。

理查所有的下属,无论多么强大,都不允许彼此间进行目光接触,并且在遇到国王时要下跪三次(不过这与中国的"磕头"还有很大差别,在古代中国,面见皇帝的人都必须头碰地面行三跪九叩大礼)。在他的统治后期,他会头戴王冠,在宝座上静坐几个小时,目光所及,房间里的每个人都不得不卑躬屈膝。不出所料,人们都开始觉得他有些疯了。

公平地讲,理查二世只是遵循了当时的政治风格,正如他在英格兰推进使用具有王室风格的勺子(人们以前是用手吃饭的)。西欧正从中世纪的贵族之间的冲突和暴力中走出,迈向一个更加文明的君主专制的未来。与他的表弟德比的亨利等显赫贵族不同的是,理查因身体虚弱从不参加比武大会,不过他喜爱打猎和养鹰,因为这才能展示他作为一国之君的光辉形象。

理查的做法在艺术上也有所反映。理查二世下令为自己画一幅肖像——他是第一位让人写生的国王。他头戴金色的王冠、手持权杖以及王权宝球,端坐在宝座上,背后则是一堵金光闪闪墙壁。他还委托制作了当时保存最完好的艺术作品之一——威尔顿双联画（Wilton Diptych）。画中除了圣爱德华、圣埃德蒙、圣约翰以及圣母玛利亚，还有理查二世自己。这是一件令人惊叹的艺术瑰宝，这样的人物安排也许还暗示着查理存在某种精神错乱。理查留下无数令人赞美的事迹：他重修了威斯敏斯特大厅以及威斯敏斯特教堂；因身体问题，他不得不去希恩宫和埃尔特姆宫，在那里，他命人修建了浴室。

上诉诸侯

14世纪80年代发生的事与14世纪20年代所发生的事如出一辙。同样的名字——沃里克伯爵和兰开斯特伯爵——又一次出现了。理查曾请求教皇将爱德华二世封为圣徒，因为爱德华二世是为捍卫君权神授而死，这一做法也暗示着任何打算以同样方式对待他的人都不会有好结果。

理查的敌人是"上诉诸侯"（Lords Appellant）。和前朝发生矛盾的原因一样，理查赋予宠臣的权力与威望触犯了既得利益集团，加之彼此间缺乏信任，导致冲突产生。国王处于半疯癫的状态，但他的敌人却是一群毫无同情心的人。1388年，这群人通过了一项禁止乞讨者和流浪者的严苛法案，同时试图限制农奴子女的教育，这些行为都与1391年国王颁布的《没收条例》（Statute of Mortmain）相悖，因为《没收条例》这部法律规定，修道院拨发的财款要分配给穷人。

国王最大的对手是他那令人难以忍受的叔叔——伍德斯托克的托马斯。让人感到困惑的是，托马斯既是白金汉公爵又是格洛斯特公爵。他高大魁梧，热衷打仗。作为爱德华三世最小的儿子，他错过了在对法战争中获得荣耀的机会，这让他感到懊恼沮丧。伍德斯托克的托马斯非常渴望战争，他哀叹道："这不是战士应有的生活，一名战士就应该拿起武器，驰骋沙场，为了荣誉而战。"

伍德斯托克的托马斯继承了家族出了名的坏脾气，但除了狡诈的一面，他平易近人，颇受欢迎，也毫无那种一直困扰他侄子的不安全感。然而，他说话并不谨慎，他说"国王的臀部变胖了，国王就知道吃喝"，他甚至还说，"整个国家将陷入一场大麻烦"。

在理查统治的早期，他公然违背了祖父的遗愿，引起了当时权贵们的极大震惊，同时，这也预示着要出大事。老国王之前留出一些土地以建造三座修道院，这样教士们就有地方为他的灵魂祈祷，而理查却要将这些土地都移交给伯利爵士，这遭到了所有贵族的反对。1381年，理查对王后的选择也让很多人感到失望。贵族们希望理查和米兰公爵的一个女儿结婚（这位公爵有二十几个女儿），因为她可以带来大量的嫁妆，缓解国家的财政危机。但理查选择了同神圣罗马帝国皇帝的妹妹安娜结婚，并为了荣誉向安娜的哥哥——酒鬼文泽尔（Wenzel the Drunkard）——支付了两万弗罗林。之后的理查沉浸在成为皇帝的美梦中,这也是他痴迷的无数虚妄幻想之一。[3]

国王需要金钱,机会很快就来了。1381年末,王位继承者马奇伯爵埃德蒙·莫蒂默(Edmund Mortimer)在爱尔兰和叛军首领的混战中不幸离世。埃德蒙只有29岁便早早地进了坟墓,与一群不幸的莫蒂默为伴:他的父亲罗杰31岁去世,他的祖父埃德蒙也是29岁就死了,他的曾祖父罗杰坚持到了43岁,然后被爱德华三世处以绞刑。

理查试图占有莫蒂默的遗产,这笔钱本应属于莫蒂默的遗孀及其年幼的孩子们,但伍德斯托克的托马斯和沃里克伯爵托马斯·德·比彻姆(Thomas de Beauchamp)——其母亲来自莫蒂默家族——阻止了理查的阴谋。1384年,英格兰在索尔兹伯里召开议会,另一位国王的批评者阿伦德尔伯爵(Earl of Arundel)理查·菲查伦(Richard Fitzalan)抨击了政府现状以及王室的亲信权贵。阿伦德尔伯爵是兰开斯特的亨利的孙子,和伍德斯托克的托马斯一样,他也是一个主要的好战分子。国王听着阿伦德尔伯爵的言辞,静默了一会后勃然大怒,他指责阿伦德尔伯爵谎话连篇,并诅咒他下地狱。议会厅中的所有人听后目瞪口呆,惊得说不出话来。

主教们想要介入双方进行调节,但他们组织起的一场集会又变成了歇斯底里的争吵,因为有流言说冈特的约翰密谋反抗国王。理查下令处死发起传言的修士,但让人闻风丧胆的冈特的约翰插手了这件事,因此这位修士转而被投进附近的监狱。在监狱里,伯利、约翰·霍兰德以及其他同伙施以各种酷刑将修士折磨致死。即使是藐视人权的狱卒也对他们的过分行为感到十分震惊。

后来理查也下令要处死冈特的约翰,但他的近臣们反对执行这个命令。国王无法忍受他的叔叔,他越来越感觉这位叔叔威胁到了自己。这种妄想并非完全没有道理。据说冈特的约翰杜撰了一部纪事年表,并放在几个修道院中。在纪事表中,他声称自己妻子的曾祖父埃德蒙,即第一位兰开斯特伯爵,才是亨利三世的长子,而爱德华一世实际上是他的弟弟,埃德蒙由于身患残疾才被排在了第二位。这一歪曲的故事明显就是想让他的儿子亨利·博林布鲁克(Henry Bolingbroke)获得合法的继承权。事情败露后,冈特的约翰逃到了北方,在此之前,他侄子的一个盟友——莫布雷伯爵(Earl of Mowbray)——还试图派一名软弱无能的大法官逮捕并处死他。

在接下来的议会上,坎特伯雷大主教威廉·库特涅严厉谴责了理查的行为,但国王理查对他厉声还击,并没收了他的土地。大法官迈克尔·德·拉·波尔(Michael de la Pole)对此感到非常震惊并拒绝执行理查的命令。

理查宣布他有意入侵苏格兰并派人请他的母亲与冈特的约翰会面。英格兰王室应对苏格兰突袭的传统策略是向北进攻,将爱丁堡付之一炬,然后返回英格兰,宣布胜利;而苏格兰贵族的对策只是简单地跨越福斯河,这基本上是不可能征服英格兰的,而且,福斯河的另一边除了荒地,没有什么可以征服的。冈特的约翰曾敦促他的侄子继续向北进军,但理查拒绝了他的提议,并暗示他的叔叔就是想要引他到苏格兰的荒郊野地然后伺机谋害他。这样的想法可能的确在冈特的约翰的脑海里出现过。

"了不起的议会"

1385年11月,理查进一步巩固了宫廷近臣的地位,他让议会将出身低微的德·拉·波尔提拔为萨福克伯爵,一年后,又未经商量就把他提到了爱尔兰公爵的位置。

此时国王铲除他主要敌人的时机到来了。冈特的约翰娶了康斯坦茨(Constance)。康斯坦茨的父亲是遭人杀害的卡斯蒂利亚国王——残忍的佩德罗。冈特的约翰代表他的妻子继承了王位,他甚至让大家叫他"尊敬的西班牙国王"。1385年,英格兰议会最终还是为冈特的约翰去西班牙并当上国王支付了一笔钱,不过大多数人都很高兴能够摆脱他。但没有了冈特的约翰,反对派的焦点就转移到了伍德斯托克的托马斯身上。伍德斯托克的托马斯和他哥哥一样好战但却没什么外交头脑,他和他侄子的性格大相径庭,两人之间争吵激烈。冈特的约翰与弟弟约克公爵埃德蒙试图从中进行调节,并告诉理查要对托马斯有耐心,但是由于哥哥冈特的约翰已经离开,而约克公爵又基本上没有参与政治,因而他们对国王的控制也就不存在了。

1386年，理查二世派迈克尔·德·拉·波尔在议会上提出将税收增加四倍的要求。议会回应要弹劾德·拉·波尔。换句话说，议会拒绝了国王的请求。国王则回应说不会为他们而解雇包括厨房女佣在内的任何一个人，并气冲冲地离开了议会，而议员们不得不在伦敦停留了一个月等待他改变主意。1386年的这场试图和国王叫板的议会被称为"了不起的议会"。

出乎反对派们意料的是，国王之后宣布他要寻求法国的帮助以解决财政上的困难。阿伦德尔伯爵和伍德斯托克的托马斯提醒他："你的人民信仰一部古老的法律，不幸的是，不久之前它还被援引过"——这是暗指理查的曾祖父爱德华二世的结局。如果一个国王"一意孤行，只要人民同意，就有权将他从王位上赶下去，并另选他的近亲继承王位"——这里的近亲，托马斯可能暗指自己。

理查回到了议会，并耐着性子听完了对德·拉·波尔的弹劾，见证了德·拉·波尔被送进监狱的整个过程。但还没过几个星期，理查就无视议会的决定，把德·拉·波尔释放了。谈及此，为了让人们更加清楚理查王室的堕落，还要提到的是，为了能和王后的侍女阿格尼斯·德·朗塞斯科罗娜（Agnes de Launcekrona）在一起，德·维尔离开了他的妻子，也就是国王的堂妹，连德·维尔的母亲都对这一可耻的行为震惊不已。虽然这件事对自己的亲戚来说是一种侮辱，但理查还是很快在距离伦敦很远的柴郡给德·维尔安置了一份轻松的工作。

以21世纪的视角来看，理查对战争的厌恶不仅合乎道德，而且明智，但在那时人们有充足理由相信：如果一个国家的统治者没有忙于对外征战，那么国家就会出现内部纷争。1387年3月，在阿伦德尔伯爵带领一支舰队袭击了一支佛兰德从拉罗谢尔（La Rochelle）到斯鲁伊斯的葡萄酒护送船队后，人们对主战派的呼声越来越高。阿伦德尔伯爵俘获了50只佛兰德船只，船上有19桶香甜醇美的葡萄酒（一桶240加仑重），这些美酒随即被送到了伦敦以极低的价格销售。有记录说，"人们对阿伦德尔伯爵百般赞美"，你可以想象一个人带着2.5万瓶美酒凯旋而归是何等气派。

国王此时又让上议院和下议院宣誓所有限制王权的法案都是不合法的，但这违背了《大宪章》。理查还迫使一群地方法官和大法官同意逮捕了十几位议员，在他看来，这十几位议员是"叛徒"。这其中包括大法官约翰·贝奈普（Justice Bealknap），他因反对这种明目张胆的违法行为而被德·维尔一拳打在了脸上。这时，理查变得愈加狂妄自大，利欲熏心，因为他"发现了"一种特殊的"圣油"，据说这种油是圣母玛利亚赐给托马斯·贝克特的。贝克特是12世纪坎特伯雷教堂的大主教，后来被亨利二世的骑士砍死了。

党争情况愈演愈烈，1387年11月，趁理查在伦敦之际，伍德斯托克的托马斯、阿伦德尔伯爵以及沃里克伯爵彼此立誓结成联盟，组成了"上诉诸侯"。理查试图在伦敦组建一支军队,但人们反应冷漠,无人响应。同三人对峙时,理查无奈同意了他们提出的所有要求——之后又背弃了承诺。

理查派德·拉·波尔向法国国王寻求帮助。此时法国国王也开始出现精神错乱的迹象。德·拉·波尔打扮成小贩,沿途拿着一篮子小鸡售卖,很不幸的是,他一到加来当地人就认出来了。慌乱中他逃到了在加来拥有一座城堡的弟弟埃德蒙那里求救。然而几周前理查的一名骑士在加来被抓,从这个人身上得知,理查要把加来让与法国,因而埃德蒙把德·拉·波尔也当成了给法国传信的人。他把德·拉·波尔交给了加来的市长,而这个市长又恰好是沃里克伯爵托马斯的弟弟威廉·德·比彻姆(William de Beauchamp),他的妻子是阿伦德尔伯爵的另一个女儿。德·拉·波尔被抓起来并送回了国王理查那里,但理查并没有责怪他办事不力,而只是让他再次逃离英格兰去赫尔避难。这一次,德·拉·波尔真的设法离开了。

在此期间,德·维尔在柴郡集结了5000名士兵。就在此地,英格兰国王招募士兵先后与威尔士和法国作战。负责戍守柴郡城堡的托马斯·莫里奴爵士(Sir Thomas Molyneux)冷酷无情但能力十足,他统领这些招募来的士兵。他的手下若有人胆敢拒绝应招参战,他就下令将这些人绳捆索绑,等他凯旋时再行处置。柴郡与兰开斯特接壤,而兰开斯特又由理查的堂亲控制着。国家上上下下万人空巷,各个领主蓄势待发,整个国家正走向战争。

ENGLAND IN THE AGE OF CHIVALRY... AND AWFUL DISEASES

第12章
金雀花的凋零

The Hundred Years' War and Black Death

灰暗时刻

尽管国王疯疯癫癫,但他的确促进了艺术的发展。那传说中充满阴柔气质的王室宫廷在这个跌宕起伏的时代将意大利文化引到了英格兰。1373年,伟大的人文主义者乔瓦尼·薄伽丘在佛罗伦萨做了一次演讲,演讲的主题是佛罗伦萨的诗人但丁。但丁的著作《神曲》(*Divine Comedy*)写于1308年至1320年间,是公认的有史以来最伟大的作品之一。当时在佛罗伦萨有一位英格兰间谍——杰弗里·乔叟,他在英格兰王室任职,曾多次出访意大利。他还多次以外交大臣和朝圣者的身份去那里游历。意大利的诗歌对乔叟的文学创作产生了极大的影响,回国后他便开始用一种新的语言——英语——来重写欧洲大陆的文学。

自黑斯廷斯战役以来,英语一直是一种受鄙视的乡巴佬语言,而法语才是英格兰法律和宫廷生活的语言。但在14世纪,一些诗人又重新开始使用英语,其中包括约翰·高尔,威廉·兰格伦以及作品《珍珠》(*Pearl*)的佚名作者。[1]1204

年，英格兰和诺曼底分开，大多数盎格鲁-诺曼贵族都会讲英法两种语言。但理查二世时期的宫廷自1066年以来率先以英语为主要语言。

然而，英语已经发生了极大的改变。1066年所说的英语为古英语，同德语很相似。自9世纪，英格兰5个地方的僧侣编写了《盎格鲁-撒克逊编年史》（*The Anglo-Saxon Chronicle*），里面的记录显示了英语的演变过程。1135年以后的倒数第二篇记录还是可识别的古英语；最后一篇差不多在20年之后才完成，所用语言与古英语有明显不同，现称为中古英语。[2]诺曼征服使得许多法语词汇进入英语，不过截止到目前来看，法语词汇大量涌入的时期是在13和14世纪，当时法语是一门国际语言，而巴黎大学正是西方文明的核心。

虽然中古英语中包含很多令人费解的复杂词汇，但现代人还是可以大致读懂的，但盎格鲁-撒克逊语言则完全无法理解。15世纪时，威廉·卡克斯顿（William Caxton）这样描述一件古英语作品："这样写的单词更像德语而不是英语，我还是无法理解它们的意思。"

爱德华三世所发动的民族主义战争可能已经预示着英语的胜利，在此之后，任何一个说一口法语的人都被视为不可信任的人。

1356年，亦是发生普瓦捷战役的那一年，伦敦市长开始用英语做工作记录，1363年，英格兰议会紧随其后也开始使用英语。与此同时,国王下令法庭上必须讲英语;但法律文书仍用法语书写,而现在的语言专家可以根据这些文书的句法特征看出人们已经开始用英语打腹稿了。当时关于瘟疫出现过一个很荒谬的理论,即认为说法语的人会感染上瘟疫,这些人主要集中在一些危险的职业中,比如神职人员,因此,没有人敢去教授还是官方语言的法语了。人们对法语语言知识也已经生疏,因为一份保存至今的1400年的詹姆斯·德·佩卡姆(James de Peckham)遗嘱写道:"把我所有的法语书籍赠送给懂法语的人。"

在最早运用新式英语写作的一批人之中,伦敦葡萄酒商的儿子杰弗里·乔叟是最优秀的。乔叟最开始写的是浪漫主义诗歌,他把这种诗歌叫作"爱之艺术",但他最著名的作品《坎特伯雷故事集》(The Canterbury Tales)讲的却是关于一群前往罗马的朝圣者的粗俗故事。这种朝圣之旅是当时一种廉价的全包旅行,这也是罗拉德派反对这一活动的原因。朝圣者的对白中充斥着难听的脏话,更加反映了朝圣之旅的廉价性。其中"骑士的故事"(The Knight's Tale)里充满了风流故事。

除了是一名作家,乔叟还为王室做过一些工作,几乎可以肯定他是一名间谍。他经常出国执行"国王的秘密任务"。他还是出使意大利强大的城邦热那亚的使节,然而乔叟的热那亚之旅并不怎么愉快。与他同时代的阿斯克的亚当(Adam of Usk)这样描述他翻越阿尔卑斯山的情景:"钻进一辆牛车,冻得半死,我蒙着眼睛,不敢看途中的险境。"但与穿越英吉利海峡之旅相比,这样的经历只能算是一次野餐郊游。

乔叟一边在热那亚招募雇佣兵以抗击法国,一边担任贸易使臣。在那里,文化的繁荣发展深深影响了乔叟,他很有可能在意大利遇见了当时伟大的诗人薄伽丘以及彼特拉克。因此,乔叟从意大利带回的不只是雇佣兵,还把"圣瓦伦丁节"(Seynt Valentynesday,每年的2月14日,现代西方"情人节"的由来)引进英格兰,只是当时这一节日和浪漫还没有什么联系。

乔叟身后有冈特的约翰的支持。他们两个分别娶了一家的姐妹而成为连襟。乔叟工作出色,爱德华三世奖赏他"每天一加仑葡萄酒,喝到生命最后一天"——这通常是让作家停止创作的好办法。然而令人烦恼的是,乔叟的葡萄酒只能喝到爱德华生命的最后一天,因为封赏乔叟三年后爱德华就去世了。

乔叟曾当过国会议员、王家森林官、王室工程总管、肯特郡治安法官和海关税收官。他一度在海关处收上来相当于王室四分之一收入的税款,并因此得到了"海关事务总管"这个美差。这个诗人还被派去为王室运钞。这个任务十分危险,乔叟遭到过两次抢劫,第一次是在德特福德(Deptford),然后是在威斯敏斯特——第二次他一共被抢了9英镑多。抓到歹徒后,其中一个人拒绝承认抢劫,因此按照惯例,他们进行了决斗式审判,而失败者被处以了绞刑。

1387年,理查二世同样许诺每年给乔叟一大桶酒,但他并没有送到,而乔叟多年后还是为国王办着"艰巨而且紧要的大事"。1400年,国王奖励乔叟一件毛皮衬里的红色长袍,但第二年就再也没有了乔叟的消息。乔叟去世100年后才有人为他立了墓,墓碑上面写着他过世的那一天是1400年10月25日。有人说他是遭人杀害,考虑到当时的谋杀率之高,出现这一观点不足为奇。乔叟是第一位被安葬在威斯敏斯特教堂的诗人,这并不是因为他的作品出色,而是因为他是一名海关官员因工作出色而得到了认可。200年后又一位诗人埃德蒙·斯宾塞(Edmund Spenser)也埋在了这里,因此这栋建筑就成了"诗人角"(poet's corner)。有资格安葬在威斯敏斯特的最近的一位是演员劳伦斯·奥利维尔(Laurence Olivier),他于1988年去世。

乔叟去世的那一年,理查二世也过得非常艰难。一位更加著名的英格兰作家记载道:这是理查一生中的灰暗时期。

"残忍议会"

原先的三位"上诉诸侯"现在增加至五人,加入的是阿伦德尔伯爵的女婿托马斯·莫布雷和冈特的约翰的继承人亨利·博林布鲁克。所有人都管博林布鲁克叫德比伯爵(Earl of Derby),而没人叫他的名字,这在很大程度上是由于威廉·莎士比亚在作品中使用,人们才能使用这个简单的称呼。理查二世和亨利同岁,在童年时期,二人大部分时间都待在一起,他们还甚至一块在伦敦塔度过了1381年可怕的夏天,但他们是完全不同的两个人。

在"狂暴和喧嚣骑士时代",[3]博林布鲁克在赫特福德城堡中长大。1376年,博林布鲁克9岁,他的父亲将他送去与堂兄住在一起。两人相处得并不是很融洽。亨利那时已十分痴迷于比武并希望成为欧洲最优秀的骑士;而理查二世更喜欢阅读罗马的贾尔斯写的东西,因为贾尔斯的书里解释了为什么"上帝"会选择他,让他拥有凌驾于他人之上的绝对权力。在理查看来,亨利的骑士时代和贵族的暴力世界已成为过去,而律师和朝臣的文明之治代表着未来。

年轻的亨利继续对立陶宛进行征伐。亨利确保定期会发送出关于他的战绩的新闻简报,这样所有人就都知道了。无论亨利有无野心,他都尝试着树立自己的英雄形象。

在差点死在暴徒手上的前一年,博林布鲁克因娶了家财万贯的赫里福德伯爵12岁的小女儿玛丽·德·伯昏(Mary de Bohun),变得非常富有。他的叔叔伍德斯托克的托马斯已经娶了玛丽的姐姐并试图强行把玛丽送进女修道院,以便自己夺取所有的遗产,但后来在法国,冈特的约翰却让自己的儿子和玛丽结婚了,为此伍德斯托克的托马斯和冈特的约翰两人之间产生了激烈的争夺。与此同时,博林布鲁克还可以通过他的母亲布兰奇继承兰开斯特的领地,这让他变得更加富有。

这五名"上诉诸侯"集结了军队,并在1387年12月19日拉德科特桥之战中击败了德·维尔领导的由5000名柴郡弓箭手组成的队伍。虽然托马斯·莫里奴用匕首刺中了德·维尔的一只眼睛,但德·维尔在弥漫的大雾中惊险逃脱,骑着马沿着泰晤士河逃回伦敦,向国王报告自己战败的坏消息。

在2月召开的"残忍议会"(Merciless Parliament)上,五位"上诉诸侯"审判并处死了理查二世的四名近臣,这四人被称为"被上诉人"(Appellees)——这种叫法实在让人困惑不已。然而,"上诉诸侯"对如何执行这项决议意见不一。伍德斯托克的托马斯想自己当国王,并得到了阿伦德尔伯爵的支持,然而莫布雷以及拥有比伍德斯托克的托马斯更大王位继承权的博林布鲁克却持反对意见。由于反对派之间分歧过多,理查二世侥幸保住了王位。德·维尔、德·拉·波尔以及其他两位逃离英格兰的人被指控犯了叛国罪并被判处死刑。在国王的所有近臣中,只有前伦敦市长尼古拉斯·布瑞伯爵士(Sir Nicholas Brembre)拒绝逃离。他扔掉手套,同要逮捕他的人宣战,回应他的是300个同样摘下手套向他宣战的人——这可能并不是他所期待的结果。最终,尼古拉斯·布瑞伯被处以了绞刑。国王的另一个近臣——康沃尔的罗伯特·特雷西(Robert Tresilian)律师——藏在威斯敏斯特的避难所,被发现后当场被处死。

虽然莫布雷和博林布鲁克把西蒙·伯利当作父亲看待并试图救下他,但他们两个没有成功,最后西蒙·伯利也被判处了死刑。经过三个月的"残忍议会"的审判,理查的所有盟友不是惨遭杀害就是被流放了。1389年,德·拉·波尔于巴黎去世;1392年,国王的另一个近臣亚历山大·内维尔(Alexander Neville)被流放到鲁汶(Louvain);罗伯特·德·维尔成功地逃到了佛兰德,1392年,他被一头野猪咬死了。

在议会铲除国王近臣后的第二年,也就是1389年5月,成年后的理查二世把所有的大权都掌握在了自己的手里。他宣布:"我已经22岁了,已经完全可以独立执政。"国王告诉自己的臣属,他的妻子让他宽恕敌人。国王已经既往不咎,大家皆大欢喜。

但事实上,国王想要复仇,他集结了一批追随者,一群他"亲近的人"。这些人以代表理查的白鹿作为其成员标志,他们的徽章在贵族中逐渐流行起来。在一个世纪后的15世纪,这种徽章仍在战斗中继续使用。如今在许多英格兰乡村酒吧中仍可看到这样的徽章。理查二世还通过立法强制小酒馆和旅馆采用白鹿这一名字,这也是为什么如今"白鹿"成为最受欢迎的五大酒吧名称之一的原因。

理查对叔叔伍德斯托克的托马斯的仇恨不减。有人叫伍德斯托克的托马斯去爱尔兰,但被拒绝了。他认为爱尔兰"整个国家野蛮不堪,实在不宜居住,就算我们在一年之内征服了它,爱尔兰人也会将我们同化,并从我们手上夺回一切"。

国王的行为举止很奇怪。1392年，在和伦敦民众闹翻之后，理查在首都举行盛大的加冕仪式，以此向伦敦人民致歉。他和他的王后——波希米亚的安娜——身着盛装华服穿过伦敦市，身后跟着一群扮成天使模样的小男孩。这对王室夫妇不停地向臣民索要礼物。1393年1月，理查收到了一匹骆驼，而安娜得到了一只鹈鹕。

国王行为暴虐，令人难以预测，1394年他的妻子死后，理查变得愈发古怪。安娜的安魂弥撒于威斯敏斯特修道院举办，而阿伦德尔伯爵却来迟了，他祈求国王原谅，但理查抓起一根手杖打了他的头。阿伦德尔伯爵跌倒在地，头上血流不止，鲜血染红了地面。若不是在教堂的缘故，理查早就把他给杀了。阿伦德尔伯爵后来在伦敦塔里被关了几个星期，还被罚了一大笔钱。理查下令将希恩宫，也就是他妻子去世的地方，夷为平地；理查十分重视各种仪式，他将自己妻子的葬礼推迟了两个月，只为等到从佛兰德送过来的那种最为合适的蜡烛。

国王的复仇

整个国家的主要权贵们都十分希望这个32岁且无后嗣的国王能够再婚。理查却选择了一个只有7岁的孩子作为王后，而这让贵族们大失所望，因为他们不想等上30年继承人才能成年，那时，精神错乱的国王可能会死去，或者更糟——他还活着。理查的新王后伊莎贝尔是法国查理六世的女儿，查理六世比他的这个新女婿还要年轻。伊莎贝尔带着价值17000英镑的嫁妆嫁给了理查，这正是英格兰迫切需要的，但主战派担心伊莎贝尔嫁过来就意味着他们进一步横扫法国梦想的破灭。

与此同时，理查却有些精神错乱，他的行为举止表现出了一种"突发性的失控——精神失常的前兆"。用一位著名历史学家的话来讲："如果自1397年起，理查是神志清醒的，那么也正是他的这种清醒毁了他的王室。"[4]虽然有那么一段时间国王一直假装原谅了他的敌人，但他实际上一直等待着复仇时机的到来。1397年7月，阿伦德尔伯爵受邀与国王吃晚餐，没有丝毫防备，然而国王逮捕了他并判处他死刑。同年9月，国王又派武装侍从到伍德斯托克的托马斯在埃塞克斯的住处——布莱希城堡——叫醒了睡梦中的伍德斯托克的托马斯并逮捕了他。理查告诉叔叔说："你对待西蒙·伯利的方式也将用在你的身上。"

伍德斯托克的托马斯被带到了加来，"就在晚餐前，城堡里餐桌布置完毕，这位伯爵正要洗手之时，4个人从隔壁房间闯了进来，用一条毛巾套住他的脖子，每两人各执一端使劲将他勒死了"。[5]之后这几个人扒光了他的衣服并把尸体抬到了床上，然后走出去对其他人说伍德斯托克的托马斯突发中风而死。

国王召集议会开幕，并把自己的支持者安插在其中，以确保"上诉诸侯"能遍尝他所吃过的苦头。国王禁止任何人携带武器，违令者则被处以死刑，还让来自柴郡的300名王室弓箭手包围了议会，这些弓箭手亲切地把国王称为"偶像"。一些士兵一度把弓拉满，吓坏了挤作一团的议员们。在这种紧张的气氛中，一名好战的弓箭手不小心把箭射向了人群，幸好没有伤到人。

冈特的约翰被迫参与了这次走过场的审讯：阿伦德尔伯爵被判处死刑，而沃里克伯爵在国王面前卑躬屈膝，逃脱了处罚，被送到了马恩岛，过着贫困的生活。当冈特的约翰审判他的弟弟伍德斯托克的托马斯时，才发现他已经死了。国王取消了阿伦德尔伯爵、沃里克伯爵以及伍德斯托克的托马斯后代的继承权，并把他们的土地分给了自己的拥护者。国王说除了他没有说出名的50个人之外，所有人都能得到宽恕，但由于他并没有说出这50人到底是谁，于是大家人人自危，惶恐不安。

接着，在1398年7月，第四任马奇伯爵、王位的继承人罗杰·莫蒂默在与爱尔兰的一场战斗中丧生，年仅24岁——考虑到他的家族历史，莫蒂默肯定已经预料到了这一结局。为此，理查二世计划到爱尔兰兴师问罪。

此时只剩下的两名"上诉诸侯"，两人之间的关系也破裂了。莫布雷在岳父被处决之后向博林布鲁克靠拢，预谋把国王从王位上拉下来，但博林布鲁克的意志不坚定，竟把计划告诉了父亲，而他的父亲又把这事上报给了理查。之后莫布雷和博林布鲁克互不承认，指责对方撒谎。理查最终下令让这两位贵族通过决斗来一决对错,时间就安排在1398年9月。来自欧洲各地的人都来观看这场重大的对决,这种对决是解决贵族间争端的一个终极方式。但就在决斗正要开始时,国王却终止了这场比试,并宣布把这两个人都逐出英格兰——将莫布雷终身流放;而判博林布鲁克流放10年,并且只有他父亲去世他才能回到英格兰。后来,莫布雷去了威尼斯,第二年在那里死于瘟疫。1399年,冈特的约翰也去世了。此时的理查是一个"说话含糊不清、深陷重度抑郁的精神病患者",他没收了冈特的约翰儿子们的所有土地。[6]国王后来乘船去了爱尔兰,会见了当地的重要人物以及盎格鲁—爱尔兰的贵族——事实证明,此次出使十分成功。[7]然而,理查在爱尔兰时,博林布鲁克在约克登陆,重新夺回了他的财产。亨利继而南下,集结了许多追随者,他暗下决心,要么夺下王位,要么鱼死网破(可能他在发起进攻前就已经想到了这一点)。

理查被孤立了,7月24日,就在他踏上威尔士的土地时,发现所有人都成了他的敌人。亨利的拥护者们占领了理查最重要的大本营——切斯特,连柴郡的弓箭手都抛弃了理查。理查逃到了康维城堡,派索尔兹伯里伯爵约翰·蒙塔丘特(John Montacute)——最后一位效忠国王的人——集结了一支威尔士军队。蒙塔丘特是一个年轻人,他曾和博林布鲁克在普鲁士一起作战。亨利在妻子去世后还把自己的大儿子托付给了蒙塔丘特,尽管如此,蒙塔丘特还是选择支持人心渐失的国王。然而,理查到达康维城堡后却发现蒙塔丘特只有100名士兵,可以说,这实在令人沮丧。

国王的叔叔埃德蒙此时来到了博林布鲁克这里,而博林布鲁克开始了处决宫廷成员的行动,其中包括理查的财政大臣威尔特伯爵(Earl of Wiltshire)以及两名上议院成员——约翰·比西爵士(Sir John Bussy)和亨利·格林爵士(Sir Henry Green),这两个人被看成是理查的"幕后参谋,曾怂恿着理查做了很多坏事"。[8]理查可能已经逃到了法国或者爱尔兰,但他此时还在自欺欺人,想着"总有一天"要打败他的敌人,将"他们生吞活剥"。诺森伯兰伯爵(Earl of Northumberland)设计将理查引出城堡,以圣饼的名义发誓只要他恢复亨利兰开斯特的公爵领地就会保留他的王位;然而理查还是被抓捕并被带到了切斯特。博林布鲁克与理查见面时,理查的那只灰狗舔向博林布鲁克的面颊,国王喃喃自语,直说这可不是个好兆头。在回伦敦的路上,理查试图通过马车的窗户逃跑,但没有成功。

被抓住后,理查拒绝将王位让与他的堂弟,而是将加冕的王冠放在了地上,以示自己把王位还给"上帝",这可能会让他感觉好一点,不过最后的结局仍旧是一样的。1399年12月21日,理查被带到了泰晤士河畔,他"失声痛哭,大声悲叹时运不济,命运多舛"。[9]这时,一位骑士对他说:"想想吧,你也是这样对待阿伦德尔伯爵的,而且总是那么残忍。"

滚丢了的金币

在首都，这位垮台的国王受到了嘲笑，人们站在屋顶上，用垃圾砸向他，暴民总是随时准备把矛头指向明显的失败者。应理查自己的要求，他被关在了伦敦塔里。有人大声宣读理查的罪状，理查感到十分恐惧，因为他不知道等待他的会是什么。他无耻地责怪同他关在一起的四个王室仆从，埋怨他们杀死了阿伦德尔伯爵和伍德斯托克的托马斯。这四个人被下令带到了国王的隔壁房间，绑在一只马的尾巴上，被马拉着在伦敦游行，最终被人用宰鱼的刀砍掉了脑袋。

编年史家佛罗依萨特记录道："国王理查痛苦万分，他知道自己困在伦敦塔里，朝不保夕，外面的伦敦人虎视眈眈。他觉得英格兰的每个人都反对他……因而开始哭泣。"阿斯克的亚当是博林布鲁克的盟友，曾去说服国王放弃王位。喝得醉醺醺的国王对亚当抱怨道："天哪，这样一个虚伪而危险的国家，它推翻了多少国王，摧毁了多少统治者，杀害了多少伟大的人！争吵、冲突、仇恨无时无刻不让它分崩离析。"

阿斯克记得理查曾经是一个光芒万丈的君主，"离开时我感触颇深，回想起他昔日的辉煌"。人们再也听不到理查的消息。1400年1月6日，在主显节宴会上，以蒙塔丘特为代表的理查的拥护者策划了一个阴谋，他们计划在比武大会上杀死亨利，以使被俘的国王复辟。但这个计划还是失败了。老国王理查二世生死不明，官方说理查几个月后死于绝食，没有人像个奸诈的阴谋家似的去怀疑理查是不是被谋杀的。与此同时，除了一个叫约翰·费罗的老兵得到赦免以外，包括蒙塔丘特在内的所有参与谋划的人都被亨利·博林布鲁克执行了死刑。

新国王亨利四世（1399~1413年在位）是自1066年以来第一个以英语为母语的国王。他和贵族们在一片"同意！同意！同意！"（"Yes! Yes! Yes!"）声中开启了他的第一个议会；当被问及他是否想成为国王时，他要求大家同他一起再次大喊"同意"，这次声音比上一次更加洪亮。加冕仪式上，亨利给自己涂抹了"圣油"，这种油据说是理查二世发现的。但在举行仪式期间，他头上的虱子冒了出来，更不吉利的是，当主教把仪式所用的金币递给他时，他没接住，金币掉在地上，不知滚到哪里，找不见了——这难道是"上天"的旨意，暗示亨利是一个篡位者，并且永远都摆脱不了这个骂名。博林布鲁克的一生很快就会结束，他的身体状况迅速下降，在与叛乱贵族进行了长达十多年的斗争后，他确信自己的确受到了"上帝"的诅咒。

推翻一个国王的统治是一件大事，也是件"十恶不赦"的事，人们害怕这件事所带来的后果而不敢去做这种事。博林布鲁克的篡位拉开了长达几十年的矛盾冲突的序幕，爱德华三世的后代们争得鱼死网破。兰开斯特家族和约克家族的战争结束后，超过三位国王惨死，无数贵族也随之殒命：玫瑰战争现在已经揭开了大幕。

参考书目 England in the Age of Chivalry... And Awful Diseases
The Hundred Years' War and Black Death

就本书讨论的历史时期而言,无论在学术刊物还是在通俗读本上,历史学家们都已经做过详细的阐述。本书仅仅是对该时期的简短概述,书中所涉及的参考来源如下:

Ackroyd, Peter. *Chaucer*

Ackroyd, Peter. *Foundations*

Ashley, Mike. *British Kings and Queens*

Audley, Anselm. *Death Keeps His Court*

Barker, Juliet. *England Arise*

Carpenter, David. *Magna Carta*

Castor, Helen. *She-Wolves*

Clark, Stephen. *1000 Years of Annoying the French*

Fraser, Antonia. *The Lives of the Kings and Queens of England*

Gillingham, John. *Conquests, Catastrophe and Recovery*

Gimson, Andrew. *Gimson's Kings and Queens*

Harvey, John. *The Plantagenets*

Hibbert, Christopher. *The English: A Social History*

Holmes, George. *The Later Middle Ages 1272–1485*

Jenkins, Simon. *A Short History of England*

Jones, Dan. *Plantagenets*

Jones, Dan. *Realm Divided*

Jones, Dan. *Summer of Blood*

Jones, Terry. *Medieval Lives*

Kelly, John. *The Great Mortality*

Lacey, Robert. *Great Tales from English History*

Manchester, William. *A World Lit Only By Fire*

McKisack, May. *The Fourteenth Century*

Morris, Marc. *A Great and Terrible King*

Mortimer, Ian. *A Time Traveller's Guide to Medieval England*

Mortimer, Ian. *The Perfect King*

Myers, A.R. *England in the Late Middle Ages*

Ormrod, W.H. *The Kings and Queens of England*

Palmer, Alan. *Kings and Queens of England*

Rose, Alexander. *Kings in the North*

Saul, Nigel. *For Honour and Fame*

Schama, Simon. *A History of Britain*

Seward, Desmond. *A Brief History of the 100 Years War*

Seward, Desmond. *The Demon's Brood*

Speck, W.A. *A Concise History of Britain*

Strong, Roy. *A History of Britain*

Sumption, Jonathan. *Edward III*

Tombs, Robert. *The English and Their History*

Tuchman, Barbara. *A Distant Mirror*

West, Richard. *Chaucer*

White, R. J. *A Short History of England*

Whittock, Martyn. *A Brief History of Life in the Middle Ages*

Wilson, Derek. *The Plantagenets*

Winder, Robert. *Bloody Foreigners*

Ziegler, Philip. *The Black Death*

注释 England in the Age of Chivalry...
And Awful Diseases
The Hundred Years' War and Black Death

引言 神圣的加冕礼

1. 圣保罗大教堂始建于 1087 年,直到那一年才正式落成。之后毁于 1666 年的伦敦大火。

2. 圣保罗的编年史作者。

3. 尽管估算历史人口主要是靠猜测,但英格兰的人口的确减少了大约一半。这充分表明,当时的环境并不适合生存。饥荒期间,人口在 1315 年到 1325 年间下降了 5% 至 15%,在 1348 至 1349 年的瘟疫期间下降了 30% 至 40%,在疾病频发的 14 世纪后期又下降了 15% 至 25%。

4. 约克郡的沃顿·珀西。

第1章 新王万岁

1. 因为历史上有三个爱德华,所以人们把他们分别称为爱德华一世、爱德华二世和爱德华三世,尽管在诺曼征服之前,已经有几位爱德华国王了,包括"老爱德华"、"殉道者爱德华"和"忏悔者爱德华"。虽然这让人颇为费解,但现在已经无法改变了。

2. 爱德华一世分别在 1275 年和 1290 年颁布了两部威斯敏斯特法令以及温

切斯特法令，从而牢固确立了议会的地位。

3. 请参阅我另一本关于该主题的非常不错的书：《1215》。

4. 据推算，超过 90% 的英格兰人是他们的孙子爱德华三世的后裔，还有很大比例的西欧人和北美人跟他也有血缘关系，所以如果阁下是英国读者，那么你也有可能是其后裔。

5. 通常，英格兰历史上所有最坏、最邪恶或最无能的国王——例如征服者威廉、爱德华、乔治三世——都是忠贞不渝、坚持一夫一妻制的，而最有能力、最仁慈的国王往往有婚外情。查理二世是第一个表现出宗教自由的人，几乎每个英格兰贵族的祖先都可以追溯到他的一位情妇。

6. 据一个流行的说法，当 15 岁的爱德华与 9 岁的卡斯蒂利亚的埃莉诺结婚时，许多小酒馆都以这位西班牙公主的名字（Eleanor of Castile）命名；其中有家酒馆位于伦敦南部的一个村庄，大部分文盲称之为大象和城堡（Elephant and Castle）。但是这个故事可能是假的，因为关于这家酒馆的记录只能追溯到 18 世纪，当时它是由一家印度贸易公司经营的，公司标志是一头身上驮有象鞍的大象，这具象鞍可能会被误认为是一座城堡。

7. Morris，Marc，*A Great and Terrible King*.

8. 十字军东征期间，爱德华从阿克里银行家借了 3000 里弗尔，又向意大利商人借了 7000 法镑。有迹象表明他回国后又不得不请求教皇允许他对教士征收特别税。

第 2 章　圆桌会议

1. 至少从 16 世纪起，彭布罗克郡南部就被称为威尔士以外的小英格兰，而当地人直到 16 世纪 80 年代还在说佛兰芒语（现为比利时人使用）。

2. 历史学家 Paul Johnson 认为，驱逐犹太人让英格兰付出了巨大的代价。

第3章 勇敢的心

1. 就是足球,或英式足球。

2. 这部电影甚至还包括了初夜权(Droite de Siegneur),意为在农民的新婚之夜,农民的妻子要先和贵族睡一晚,这可能是中世纪最普遍的不实传言。这部电影同时还涉及认为地球是一个平面的认知和贞操带的发明。但实际上这从未发生过。

3. Tombs, Robert, *The English and Their History*.

4. 不过,当她做临终忏悔的时候,一切进展顺利,因为"在她虔诚地领受了临终者的圣礼之后,就恳求国王归还她和她的臣仆掳掠的所有不义之财"。

5. 最著名的是特拉法尔加广场附近的"查令十字",尽管它只是一个复制品。

6. 或者是萨里伯爵。我们并不十分确定。

7. 至于影片中提到的,华莱士让伊莎贝拉王后怀孕,所以他才是爱德华三世的生父的说法,实际上华莱士去世时伊莎贝拉只有9岁,她那时甚至还没去过英格兰。

8. Morris, Marc, *A Great and Terrible King*.

9. 这个故事很可能是假的,在三个世纪后才第一次出现,而且是关于别人的。

10. Gillingham, John, *Conquests, Catastrophe and Recovery*.

第4章 饥荒

1. Gimson, Andrew, *Gimson's Kings and Queens*.

2. Carpenter, Christine, *War of the Roses*.

3. 这是根据维多利亚晚期历史学家 Thomas Frederick Tout 的说法。

4. Castor, Helen, *She-Wolves*.

5. Seward, Desmond, *The Demon's Brood*.

6. 他文学知识广博,这在他那个时代的贵族中很不寻常,我们可以从他身上看到文化和施虐狂这将给下个世纪的某些人物带来特别的恐惧的奇怪结合。

7. 依据一部写于 1326 年的编年史 *Vita Edward I Secundi*。

8. 幸运的是,加弗斯顿因牛津大学一个作风狂放的本科生社团名称(皮尔斯·加弗斯顿)而名留青史。

9. 这也并非一帆风顺。国王夫妇在蓬图瓦兹的时候,英格兰皇家帐篷发生了火灾,损失了大量财物,伊莎贝拉的胳膊也被烧伤。

10. 四个世纪后,挪威人回到了格陵兰岛,他们的一个目的是使其长期失散的堂表亲由天主教改信新教,但结果毫无所获。这个殖民地可能一直持续到了 1450 年,住民最后要么是被因纽特人屠杀,要么就是饿死。

11. Ziegler, Philip, *The Black Death*.

12. 这个词最初的字面意思是离开自己的种族。

13. Morris, Marc, *A Great and Terrible King*.

14. 根据加州大学的 Gregory Clark 的说法。

15. Tuchman, Barbara, *A Distant Mirror*.

16. Tuchman, Barbara, *A Distant Mirror*.

17. Castor, Helen, *She-Wolves*.

18. Harvey, John, *The Plant agenets*.

19. 历史学家们对这个故事持怀疑态度。不管怎样,他都是被谋杀的,而这并不是件好事。

第5章 百年战争

1. 一些历史学家认为，爱德华三世是自黑斯廷斯战役以来第一位说英语的国王，尽管之前的一些国王，如亨利一世，可能也把英语说得相当好。

2. Harvey, John, *The Plantagenets*.

3. Sumption, *Jonathan, Edward III*.

4. Sumption, *Jonathan, Edward III*.

5. Wilson, Derek, *The Plantagenets*.

6. Seward, Desmond, *The Demon's Brood*.

7. 泰伯恩成了民间传说的一部分，以至于衍生出了短语"喝一杯再上路"——在牛津街的一家酒吧里，每一个被判死刑的囚犯都可以喝一品脱啤酒再上路。当然，几乎每一个囚犯都开了同样的玩笑——"下次我来付账"，酒吧老板也会对此付之一笑。话虽如此，但这一说法仍有争议。

8. Jenkins, Simon, *A Short History of England*.

9. 百年战争分为爱德华战争（1337~1360）、卡洛林战争（1369~1389）和兰开斯特战争（1415~1455）。

10. 吉耶纳，或阿基坦，是法国西南部一个大区的名称，而加斯科尼只是其中很小的一部分。

11. Seward, Desmond, *The Demon's Brood*.

12. Seward, Desmond, *The Demon's Brood*.

13. 来自 Graham Robb 的 *The Discovery of France*。法国总共有 55 种不同的方言，现在也依然如此。

14. 即使在百年战争结束后，该地区仍与英格兰保持着紧密的联系，由红葡萄酒、英式橄榄球和宗教维系在一起，成为后来新教信众最多的地区之一。

15. Sumption，Jonathan，*Edward III*.

16. 佛罗依萨特写道："任何一个国家的国王都必须服从人民的意愿，满足他们的诸多愿望。倘若他不这样做，就会有灾祸临到他的国家，他必遭倾覆。"

17. K. B. McFarlane，an early twentieth-century medieval historian.

18. 然而这里存在争议。还有一些消息说他父亲是一个富有的地主。

19. Sumption，Jonathan，*Edward III*.

20. 1344年发行的新硬币：贵族金币（gold noble）、半贵族金币和四分之一贵族金币，上面写着："我们的贵族向我展示了四样东西：国王、船、剑和海洋的力量。"

21. Sumption，Jonathan，*Edward III*.

22. Jones，Dan，*Summer of Blood*.

23. 根据同时代的 Geoffrey le Baker 回忆。

第6章　克雷西战役

1. Seward，Desmond，*The Demon's Brood*.

2. 几个世纪后，他才被称为黑王子。

3. Tuchman，Barbara，*A Distant Mirror*.

4. 1799年，Benjamin West 的名画 *Queen Philippa Interceding for the Lives of the Burghers of Calais* 以及 Rodin 的雕塑 *The Burghers of Calais* 都描绘了这一场景。

5. 有些扫兴的人说这件事实际上从未发生过。

https://www.theguardian.com/education/2002/aug/15/higher-education.news.

6. Saul，Nigel，*For Honour and Fame*.

7. Tuchman，Barbara，*A Distant Mirror*.

8. https://en.wikipedia.org/wiki/Church_of_the_Annunciation_of_Our_Lady_of_the_Newarke.

9. 殉道者乔治的故事很多时候都与地中海的一位生育之神联系在一起，这个名字来自希腊语，意为"农夫"。

第7章 瘟疫

1. Ziegler，Philip，*The Black Death*.

2. Ziegler，Philip，*The Black Death*.

3. Ziegler，Philip，*The Black Death*.

4. 2013年，在挖掘横贯城铁伦敦市中心查特豪斯广场的隧道时，工人们发现了一个14世纪瘟疫坑，里面有十几具骸骨。

5. Wilson，Derek，*The Plantagenets*.

6. 根据同时代编年史作家 Henry Knighton 的说法。

7. I.F.C. Hecker，*The Black Death in the Fourteenth Century*.

8. 有其他消息称，船抵达时还有水手活着。

9. Ziegler，Philip，*The Black Death*.

10. 1300年莱茵河流域的土地价值是900年的17倍，这体现了当时的经济增长。相比之下，许多地区尚未恢复元气：1310年诺曼底的勒纳夫布尔人口为 3000 人，而到了 1954 年依然仅为 3347 人。

11. 一些作家对巴黎大学的解释持怀疑态度，其中包括 Konrade of Megenberg。学者伊本·海推布（Ibn al-Khatib）也提出，"经过经验、研究、心理感知、解剖和对事实的真实认识，鼠疫的确可以通过人与人之间的感染而传播"。

12. Myers, A.R., *England in the Later Middle Ages*.

13. Ziegler, Philip, *The Black Death*.

14. Mortimer, Ian, *The Time Traveller's Guide to Medieval England*.

15. Tuchman, Barbara, *A Distant Mirror*.

16. 当时只剩下极小数量的犹太人。

17. Jones, Terry, *Medieval Lives*.

第8章　黑太子

1. Tuchman, Barbara, *A Distant Mirror*.

2. Tombs, Robert, *The English and Their History*.

3. 法国王位的继承人被称为多芬，因为在 1349 年，多芬被割让给了法国。多芬纹章上的海豚（dolphin）是一语双关。

4. 尽管因为大多数基本产品都要贵得多，很难算出真实的汇率，但是粗略换算一下，当时 1 英镑相当于今天的 1000 美元。

5. Tuchman, Barbara, *A Distant Mirror*.

6. Sumption, Jonathan, *Edward III*.

7. Seward, Desmond, *The Demon's Brood*.

8. McKisack, May, *The Fourteenth Century*.

9. 14世纪诗人John Gower。

第9章 农民起义

1. 当时没有人使用"农民"(peasants)这个词，一些历史学家认为，这个词不适合英格兰的社会结构，因为当时英格兰已经有了土地市场，然而这个词已经成了固定说法。

2. Carpenter, David, *Magna Carta*.

3. 坦白地说，佛罗依萨特在谈到英格兰人时表示，他们整体上"性情傲慢、脾气暴躁、容易发怒，很难被安抚，也很难明白道理。他们以战斗和杀戮为乐，极度贪图他人的财产，天生就不能与外国建立友谊或联盟"。他还说，"英格兰的中产阶级是世界上最不值得信赖的人"。

4. 在美国称为私立学校的公立学校，对不受圣职的人（即公众）开放。更让人困惑的是，英国人也说"私立学校"，但并不是所有的私立学校都是公立学校。如果你能理解这一点，那么理解板球的规则应该不会太难。

5. Barker, Juliet, *England Arise*.

6. 法国也曾试图限制工资，允许物价上涨先前水平的三分之一，这在某种程度上更为现实。

7. Tuchman, Barbara, *A Distant Mirror*.

8. 泰勒原本可能来自埃塞克斯的科尔切斯特。

9. 哈尔斯（Hales），考特尼主教（Bishop Courtenay），福特汉姆主教（Bishop Fordum），大法官罗伯特·贝尔坎普特爵士（Sir Robert Belknap），拉尔夫·费雷尔爵士（Sir Ralph Ferrers），罗伯特·普莱辛顿爵士（Sir Robert Plessington），上诉法院首席大法官，约翰·莱格（John Legge），

约翰·德·布兰普顿（John de Brampton）。

10. 两个世纪后，英格兰的这些地方成为热衷争辩的狂热清教徒的家园，他们后来去新英格兰建立了自己的乌托邦。

11. 在这一时期，剑桥和牛津都饱受市民和学者之间的骚乱，最近的一次是 1354 年的牛津圣思嘉日，造成 60 多名学生和 30 名当地人死亡。

12. 他们也受到爱德华一世 1285 年颁布的《温切斯特法令》的影响。

13. Jones, Dan, *Realm Divided*.

14. 也可能是 Maidstone。

15. 关于泰勒的死亡情况、当时谁先拔出武器以及具体原因，人们仍存在争议。简单地说，这次面见国王对他来讲并不顺利。

16. Tombs, Robert, *The English and Their History*.

17. 这是一个英国政府的内部笑话。1989 年，保守党政府引入了人头税，导致了骚乱和首相玛格丽特·撒切尔的下台，撒切尔的继任者立即废除了人头税。可能还会有人在两百年后再试一次。

18. Whittock, Martyn, *A Brief History of Life in the Middle Ages*.

19. Myers, A.R., *England in the Late Middle Ages*.

第10章　大分裂

1. 鼠疫的死亡率在神职人员中更高，约克和林肯的死亡率是 40%，而在赫里福德郡和西南地区则高达 50%。

2. 根据中世纪史学家 Barbara Harvey 的说法。

3. Ackroyd, Peter, *Chaucer*.

4. 霍克伍德在意大利已经很有权势，可以称得上是一位政治家。他于 1395 年去世后，市政府承诺在多姆大教堂为他修建一座大理石坟墓。但在英格兰人提出赔偿之后，市政府却把他的遗体送回了英国。看得出来他们并非真喜欢他。

5. Jones，Terry，*Medieval Lives*.

6. Thomas of Walsingham 关于远征的结论。

第 11 章　另一个伊甸园

1. Seward，Desmond，*The Demon's Brood*.

2. Harriss，G. L.，*Shaping the Nation*.

3. 文泽尔因为许多事而出名，其中一些可能是真的。无论如何他确实对副主教波慕克的约翰进行了长时间的折磨然后把他从桥上扔了下去。结果，约翰成了桥梁的守护神，真可谓恰当无比。

第 12 章　金雀花的凋零

1. *Pearl* 是一首感人肺腑的诗，从方言使用上判断，作者应该来自柴郡或兰开夏郡。文中提到的珍珠是他死去的女儿。

2. 被称为古英语的最后一篇完成日期可以追溯到 12 世纪 90 年代，它比用中古英语记录的第一篇还晚了 70 年，可见英语的变化缓慢且不均衡。

3. Audley，Anselm，*Death Keeps His Court*.

4. McKisack，May，*The Fourteenth Century*.

5. Wilson，Derek，*The Plantagenets*.

6. Seward，Desmond，*The Demon's Brood*.

7. 理查二世在爱尔兰很受欢迎,他之前曾去过那里一次。在那里他的做法相当公正,这对于英格兰君主来说是不寻常的。

8. 当时威尔士的一位牧师所著的 *Chronicle of Adam of Usk*。

9. *Chronicle of Adam of Usk.*